编译文库

经济

熊建新 著

# 大数据环境下高校图书馆信息化建设与管理

Information Construction and Management of University Libraries in the Big Data Environment

图书在版编目（CIP）数据

大数据环境下高校图书馆信息化建设与管理 / 熊建新著. —北京：中央编译出版社，2024.7
ISBN 978-7-5117-4501-9

Ⅰ.①大… Ⅱ.①熊… Ⅲ.①院校图书馆—信息化建设—研究②院校图书馆—资源管理—研究 Ⅳ.
①G258.6

中国国家版本馆 CIP 数据核字（2023）第 161730 号

## 大数据环境下高校图书馆信息化建设与管理

| | |
|---|---|
| 责任编辑 | 周孟颖 |
| 责任印制 | 李 颖 |
| 出版发行 | 中央编译出版社 |
| 网　　址 | www.cctpcm.com |
| 地　　址 | 北京市海淀区北四环西路 69 号（100080） |
| 电　　话 | （010）55627391（总编室）　　（010）55627312（编辑室） |
| | （010）55627320（发行部）　　（010）55627377（新技术部） |
| 经　　销 | 全国新华书店 |
| 印　　刷 | 三河市华东印刷有限公司 |
| 开　　本 | 710 毫米×1000 毫米　1/16 |
| 字　　数 | 192 千字 |
| 印　　张 | 15.5 |
| 版　　次 | 2024 年 7 月第 1 版 |
| 印　　次 | 2024 年 7 月第 1 次印刷 |
| 定　　价 | 98.00 元 |

新浪微博：@中央编译出版社　　　微　信：中央编译出版社（ID：cctphome）
淘宝店铺：中央编译出版社直销店（http://shop108367160.taobao.com）　（010）55627331

本社常年法律顾问：北京市吴栾赵阎律师事务所律师　闫军　梁勤
凡有印装质量问题，本社负责调换，电话：（010）55627320

# 前　言

随着计算技术、网络技术、通信技术、存储技术等各种现代信息技术的迅猛发展与有机结合，现代社会的信息发布更迅速、更便捷，信息增长速度加快，全球数据形成了数量级巨大的数据集，人类从此进入了大数据时代。而大数据时代的到来也让图书馆的现代化建设从自动化管理逐渐向信息化、数字化、网络化的方向发展。以大数据时代为背景，更新图书馆管理理念、改善图书馆管理手段、科学开展图书馆信息建设工作，无疑对图书馆整体效益的提高具有重要的意义。

高校图书馆作为高等院校中一个不可或缺的重要组成部分，在为师生提供有效信息方面扮演着十分重要的角色，有义务高效准确地将信息提供给用户。尤其在当今这个大数据时代，如何从海量信息中获取有效信息并将其呈现给用户，俨然成为高校图书馆探索信息服务发展的新方向。信息技术的发展与大数据时代的到来，给高校图书馆带来了新发展、新机遇，为高校图书馆信息服务注入了新活力。本书以大数据时代为背景，以高校图书馆信息化建设与管理作为研究对象进行深入探究。

全书共分为六章。第一章是大数据环境与传统高校图书馆，对传统高校图书馆加以概述，并对高校图书馆的发展历程、大数据技术以及大数据对高校图书馆的影响加以阐述；第二章是大数据环境下高校图书馆管理，对大数据时代高校图书馆人力资源管理、服务与质量管理、知识信息管理进行分析与探讨；第三章是高校图书馆管理理念的发展创新，主要包括人本管理理念的创新、知识管理理念的创新、全面质量管理理念的创新以及信息管理理念的创新；第四章是高校图书馆的信息化建设，对高校图书馆信息化、高校图书馆信息化建设基础理论、高校图书馆信息化建设技术与应用以及高校图书馆信息资源与信息化平台建设加以分析；第五章是高校图书馆信息化服务与创新，对高校图书馆信息服务的现状、高校图书馆社会化信息服务创新模式的理论基础以及大数据环境下高校图书馆信息服务创新的途径加以阐述；第六章是大数据环境下高校图书馆信息化的多元发展，主要包括高校数字图书馆特色资源建设、信息技术与高校图书馆的多元化转型两部分内容。

  本书内容翔实，侧重点清晰，语言简洁明了，通俗易懂，并且十分重视理论与实践相结合，具有非常强的实用性。

  高校图书馆信息化建设是一项长期而艰巨的任务，不仅需要图书馆管理员的不懈努力，也需要各高校图书馆在信息化建设过程中交流探讨和相互借鉴。衷心希望本书能为高校图书馆的信息化建设工作提供有价值的参考。

笔者<br>2023 年 2 月

# 目 录
## CONTENTS

**第一章 大数据环境与传统高校图书馆** ...... 1

第一节 传统高校图书馆概述 ...... 1

一、高校图书馆的产生 ...... 1

二、高校图书馆的性质 ...... 2

三、传统高校图书馆的特点 ...... 3

四、传统高校图书馆的组织结构 ...... 6

第二节 高校图书馆的发展历程 ...... 8

一、中华人民共和国成立前的高校图书馆 ...... 8

二、中华人民共和国成立后的高校图书馆 ...... 10

第三节 大数据技术概述 ...... 14

一、大数据技术的相关概念 ...... 14

二、大数据分析 ...... 16

三、大数据技术的价值 ...... 17

第四节 大数据对高校图书馆的影响 ...... 24

一、高校图书馆拥有的大数据 ...... 24

二、高校图书馆具有大数据特征 ...... 25

三、大数据对于高校图书馆的价值 …………………………………… 26
四、大数据时代高校图书馆的定位 …………………………………… 27
五、大数据时代高校图书馆面临的机遇与挑战 ……………………… 28

## 第二章　大数据环境下高校图书馆管理 **32**

### 第一节　大数据时代高校图书馆人力资源管理 ……………………… 32
一、大数据时代高校图书馆人力资源的更新 ………………………… 32
二、大数据时代高校图书馆馆员的职业生涯开发与管理 …………… 41

### 第二节　大数据时代高校图书馆服务与质量管理 …………………… 50
一、大数据时代高校图书馆的开放服务 ……………………………… 50
二、大数据时代高校图书馆全面质量管理体系的构建 ……………… 60

### 第三节　大数据时代高校图书馆知识信息管理 ……………………… 65
一、大数据时代知识管理与高校数字图书馆资源建设的优化 ……… 65
二、大数据时代高校图书馆的信息整合 ……………………………… 68

## 第三章　高校图书馆管理理念的发展创新 **81**

### 第一节　人本管理理念的创新 …………………………………………… 81
一、人本管理的内涵 …………………………………………………… 81
二、人本管理的特征 …………………………………………………… 82
三、高校图书馆人本管理模式的构建 ………………………………… 85

### 第二节　知识管理理念的创新 …………………………………………… 90
一、图书馆知识管理内涵 ……………………………………………… 90
二、高校图书馆知识管理对策 ………………………………………… 91

### 第三节　全面质量管理理念的创新 ……………………………………… 96
一、高校图书馆全面质量管理理论内涵 ……………………………… 96

二、高校图书馆全面质量管理体系的构建原则 …………… 97
　　三、实施全面质量管理体系的对策 ………………………… 98
　第四节　信息管理理念的创新 ………………………………… 100
　　一、信息服务理念的创新 …………………………………… 100
　　二、"广度"与"深度"并重 ……………………………… 102
　　三、"经济"与"文化"协调发展 ………………………… 104
　　四、信息技术的创新 ………………………………………… 105

第四章　高校图书馆的信息化建设 ……………………………… 113
　第一节　高校图书馆信息化综述 ……………………………… 113
　　一、信息化 …………………………………………………… 113
　　二、高校图书馆信息化建设 ………………………………… 117
　第二节　高校图书馆信息化建设基础理论 …………………… 128
　　一、图书馆信息化发展现状 ………………………………… 128
　　二、数字图书馆及现实图书馆建设 ………………………… 134
　　三、高校图书馆信息化建设趋势 …………………………… 139
　第三节　高校图书馆信息化建设技术与应用 ………………… 145
　　一、条码技术 ………………………………………………… 145
　　二、RFID 技术 ……………………………………………… 150
　　三、一卡通 …………………………………………………… 157
　　四、其他信息技术 …………………………………………… 160
　第四节　高校图书馆信息资源与信息化平台建设 …………… 162
　　一、高校图书馆信息化平台 ………………………………… 162
　　二、高校图书馆跨平台信息检索系统模式 ………………… 165

## 第五章　高校图书馆信息化服务与创新……168
### 第一节　高校图书馆信息服务的现状分析……168
一、高校图书馆信息服务的现状……168
二、高校图书馆信息服务存在的问题……172
### 第二节　高校图书馆社会化信息服务创新模式的理论基础……177
一、高校图书馆社会化信息服务模式概述……177
二、高校图书馆信息服务创新的原则……180
三、社会营销理论及其应用……183
### 第三节　大数据环境下高校图书馆信息服务创新的途径……184
一、高校图书馆信息服务模式研究……184
二、高校图书馆信息服务举措……188

## 第六章　大数据环境下高校图书馆信息化的多元发展……199
### 第一节　高校数字图书馆特色资源建设……199
一、高校数字图书馆特色资源建设的现状……200
二、高校数字图书馆特色资源建设的策略……206
### 第二节　信息技术与高校图书馆的多元化转型……218
一、复合图书馆……218
二、移动图书馆……226
三、智慧图书馆……229
四、泛在图书馆……234

## 参考文献……236

# 第一章

# 大数据环境与传统高校图书馆

　　图书馆拥有着悠久的历史，在人类社会发展中发挥着重要的作用。在现代科学技术的发展下，互联网、大数据等技术取得了极大的发展，这些技术也深刻影响了图书馆的发展。一方面，这些技术的发展和应用极大地改变了人们的生产生活，也给图书馆带来了极大的冲击；另一方面，这些技术逐渐在图书馆建设中得到应用，使高校图书馆融入大数据环境之中。因此，高校图书馆也面临着由传统向现代转型的问题。

## 第一节　传统高校图书馆概述

### 一、高校图书馆的产生

　　高校图书馆是伴随着大学的产生而产生的。在12世纪末，西欧的一些主要国家建立起了现代意义上的大学。不过，大学在诞生之初，尚未具备图书馆。当时教师所用的书，都是教师个人的。而学生主要通过购买或借阅的方式，获取学习用书。在大学不断发展、规模逐渐扩大的同时，师生的用书需求也不断增加。师生获取书籍的方式，除借阅之外,也出现了赠予。正是通过接受赠书,高校获得了一定数量的文献,得以建立高校图书馆。西方一些著名高校的图书馆都是通过接受捐赠而建立起来的。例如,英国牛津大学图书馆主要的捐赠者是托马斯·博德利(Thomas Bodley)和理查德·伯里(Richard de Bury),后者也因此被人们称为"高校图书馆的先驱"。

高校图书馆在建立的过程中,除了接受赠书之外,还吸纳了来自个人、团体、国家资金的资助,以扩充图书馆的藏书。15世纪末16世纪初,在书籍印刷业的发展下,高校图书馆也得到了快速的发展。到了19世纪,高校图书馆已经在图书馆事业和大学教育事业中获得了广泛的认可和重视,享有崇高的地位。高校图书馆与高校之间的关系越来越紧密,人们甚至将其称为高校的"心脏"。随着计算机技术等现代科学技术的发展和应用,高校图书馆的发展又进入了新的阶段,一批世界一流的高校图书馆逐渐建立起来,哈佛大学图书馆就是在这个时期建立起来的。

### 二、高校图书馆的性质

高校图书馆的主要职能就是为高校的教学和科研工作服务,同时,高校图书馆工作也属于高校教学和科研工作的一部分,因此学术性是其最基本的一个属性。可以说,高校图书馆的一切工作都是为高校的教学和科研工作服务的。

高校图书馆的服务需要满足高校教学与科研工作的专业性和学术性需求,故而其本身也必须具备专业性和学术性。在现代高等教育与现代科学技术快速发展的趋势下,高校教学与科研工作对图书馆服务的要求也越来越高,因此高校图书馆必须不断提高工作的学术水平与专业水平。

对高校图书馆的性质进行分析，可以发现其既不是独立的教学或科研机构，也不是单纯的行政或服务机构；既不是以收藏和保存书籍为主的藏书楼，也不是以普及知识为主的文化场所。准确地说，高校图书馆是一个为教学和科研服务的学术型机构。进一步来说，高校图书馆既具有服务性，又具有学术性，并且这二者是紧密联系在一起的，而不是平行或对立的。强调高校图书馆的学术性质，并不会削弱其服务性，反而能够提高高校图书馆的服务水平。

## 三、传统高校图书馆的特点

### （一）资源建设特点

1. 文献以纸质印刷文献为主

高校图书馆重点收藏与教学课程相关的专业文献信息资源，对业余和课外阅读类的文献信息资源选择性地进行收藏，较少采取电子资源和光盘存储的收藏方式，提供的文献资源以纸质印刷文献为主。

2. 藏书丰富且十分专业

高校图书馆的藏书数量通常较为丰富，且出于学校的专业建设和科研等目的，其藏书还体现出专业性的特点。此外，出于教学目的，高校图书馆还藏有大量的教学参考书。

3. 以征订为文献采购的主要方式

传统高校图书馆通常以征订为文献采购的主要方式，即通过分析新书目录，选择自身所需要购买的图书。此外，传统高校还会参加各类图书展览会，采购图书。传统高校图书馆的文献采购方式，通常需要消耗大量的人力，且程序十分繁琐。

**4. 文献资源老化且利用率不足**

由于传统高校图书馆以征订采购新书为建设文献资源的主要方式，因此在资金的限制下，许多高校图书馆都以学科图书作为馆藏重点，容易造成馆藏重复、少藏、缺藏等问题，文献资源逐渐老化，降低了图书馆的文献保障率。

传统高校图书馆对现代科学技术的利用不足，导致文献资源的质量不稳定。长期实践证明，在高校图书馆文献资源的质量不稳定的情况下，仅仅增加资源数量并不能有效地提高图书馆文献资源利用率。例如，当高校图书馆文献质量不高、无法满足师生的各种文献需求时，他们就会远离本校图书馆，导致图书馆的资源利用率低，造成资源浪费。

### （二）读者特点

传统高校图书馆以校内师生为主要的服务对象，因此，传统高校图书馆的读者需求与高校教学工作的特点有密切的联系。而高校教学工作最主要的目的就是系统地对学生进行知识和技能的培养，这也使得高校教学在专业、课程等方面具有一定的稳定性。在这种影响下，高校图书馆的读者在需求上同样也具有稳定性，主要表现为读者对核心专业课程教学参考用书的稳定需求，这类书包括高等数学、英语等各类专业课的参考书与工具书等。

### （三）服务特点

**1. 传统高校图书馆的服务方式**

（1）文献复制服务

文献复制服务是高校图书馆为用户提供的对馆藏文献进行复制的一种服务。高校图书馆通常设置有复印室，具备提供文献复制服务的功能。用户在办理相关手续之后，方可享受文献复制服务。

开展文献复制服务不仅开发了文献利用的深度，还提高了馆藏文献的利用率，充分满足了读者对特定文献的需求。

（2）馆内阅览服务

传统高校图书馆最常见的服务方式是通过对馆内藏书进行分类整理，并建立阅览室，使读者可以在馆内阅读文献信息资源。为保证服务质量，高校图书馆应为读者提供良好的阅读环境和设备。

阅览方式分为三种，即开架、半开架、闭架。阅览室特点、图书馆组织管理、读者需求、文献类型等决定了阅览的方式。此外，高校图书馆还可以针对读者的不同需求，分类设置专题阅览室，如工具书阅览室、报刊阅览室等。

（3）阅读辅导服务

为了方便读者了解图书馆资源和服务情况，高校图书馆需要开展一系列的阅读辅导服务。阅读辅导服务主要包括以下三方面：一是指导读者阅读内容和方法；二是帮助读者熟练使用参考工具书、图书馆目录等；三是向读者介绍图书馆相关的借书规则和方法等。

（4）书刊外借服务

书刊外借服务是图书馆将馆藏图书外借给读者的一种服务方式，这也是我国传统高校图书馆最主要的一种服务方式。读者外借书刊，需要办理相应的借阅手续。通常，高校为了方便本校学生借阅图书，会为其办理借书证。当学生离开学校时，借书证也随之失效。

2. 传统高校图书馆的服务特点

（1）服务方式被动

传统高校图书馆提供的基本服务包括阅读辅导、书刊借阅、参考咨询等，服务范围一般控制在图书馆以内。购书经费、技术设备、管理机制、工作人员业务水平等各种因素的限制使图书馆服务具有局限性。图书馆通常采用读者自主进入图书馆的被动服务方式，而长期的被动服务会使传统高校图书馆缺乏主动服务的精神。

（2）文献管理方式落后

我国大多数传统高校图书馆都是以人工操作的方式来管理文献，而每一部文献的管理都要经过采访、加工、入库、管理、编目、排架等种种流程，图书管理员的工作内容琐碎且劳动强度大。这种落后的文献管理方式占用了工作人员的大量精力，也在很大程度上制约了高层次服务的开展。

（3）服务对象单一且服务范围狭窄

由于购书经费有限，在资源购置的过程中，高校图书馆通常优先选择配置与本校教学科研需求相关的资源，这会导致图书馆的馆藏不能充分满足读者的需求；大多数高校图书馆都只面向本校师生开放，发展水平受到大学管理体系的严格限制，且由于与社会接触较少，长期处于一种相对封闭的状态。

（4）服务层次和服务水平偏低

传统高校图书馆自身存在技术和观念上的限制，很少会对文献信息进行加工，因此只能解决读者咨询的部分问题。

## 四、传统高校图书馆的组织结构

### （一）馆长办公室

馆长办公室即高校图书馆馆长工作的场所，是整个高校图书馆的最高决策机构。馆长办公室的主要职能如下：

（1）负责主持图书馆的整体工作，如制订图书馆的阶段工作计划、发展规划等。

(2) 负责为图书馆的馆藏建设、经费使用等制订规划。

(3) 负责图书馆馆员队伍的任免、培训、调整、考评等。

(4) 负责图书馆各项规章制度的制定和完善。

(5) 负责图书馆相关行政事务的支持。

(6) 负责领导图书馆委员会，主持重大事项的研讨与决策。

(7) 负责下属各部门工作的协调。

(8) 负责上级主管部门的工作落实。

(9) 负责向上级主管部门汇报工作情况。

(10) 负责校外团体的访问接待工作。

(二) 图书情报委员会

图书情报委员会，是高校图书馆的一个重要部门，主要负责高校图书情报工作的咨询、顾问、协调等与图书情报工作相关的内容。图书情报委员会的成员主要由具备相关工作经验的领导和相关教学与科研人员组成。

图书情报委员会的职责包括对图书馆的年度工作计划进行审议，对师生以及相关领导、工作人员对于图书馆发展与工作的相关意见与要求进行反映，对与图书情报工作相关的重大问题进行讨论，为高校图书情报工作的改进和完善提出意见和建议。

(三) 采访部

采访部是负责高校图书馆文献资源建设的部门，负责文献资源的选择、采购、交换、验收等工作。在馆藏文献建设的过程中，采访部必须以学校的发展和科研为依据，结合资金情况，采购合适的文献，建立起具有本校特色的馆藏体系。

(四) 编目部

编目部是负责对高校图书馆的文献资源进行分类、编目、整序工作的部门。文献资源的编目工作通常是依据一定的规范和标准进行的。通过对文献资源进行编目，高校图书馆能够建立起本馆的馆藏目录体系，为读者的检索提供便利。编目也是高校图书馆开展文献传递等其他服务的重要基础。

### （五）流通部

流通部是负责高校图书馆馆藏流通工作的部门。具体来说，馆藏的流通包括文献的借阅与归还、馆际互借、文献宣传、文献管理等相关工作。流通部需要制定馆藏文献流通相关的政策和规范，如图书借阅与归还制度等，并对读者在借阅文献中出现的逾期、损坏、丢失等情况进行处理。

### （六）阅览部

阅览部是供读者在图书馆进行阅览的部门，通常会根据文献类型或读者需求，分设不同的阅览室。除负责提供阅览服务外，阅览部还负责宣传展览、阅读引导等工作。

### （七）期刊部

期刊部是高校图书馆专门负责期刊采购、管理、阅览等相关工作的部门。有些高校图书馆不单独设置期刊部，而是将其归入负责期刊工作的相关部门。

## 第二节 高校图书馆的发展历程

### 一、中华人民共和国成立前的高校图书馆

纵观图书发展史，我国最早的图书可以追溯到商代。在我国古代，

图书通常也被称为"典籍"。在商代，人们主要是以龟甲、兽骨等材料为载体进行记录，用于记录的龟甲、兽骨也就成了当时的典籍。在这一时期，典籍通常由贵族阶层和官员收藏，普通百姓没有接触到典籍的机会。随着社会的不断发展，记录下来的内容越来越多，典籍的数量不断增加，商代人也逐渐形成了对典籍进行保管、整理、编序的思想。在实践方面，商代人设置了专门用于典籍收藏的场所，并且还配备了专门的官员负责相关事务。到了周代，人们对典籍进行专门管理和利用的思想进一步得到发展，并且工作水平能与世界上最早的图书馆——古巴比伦图书馆和古埃及图书馆的图书管理水平相媲美，因此，学术界普遍认为周代是我国图书馆的起源和成型时期。

在我国古代，专门用于藏书的地点通常被称为藏书楼。根据藏书者的不同，我国古代的藏书楼大致可以分为四种类型，即官府藏书楼、寺观藏书楼、书院藏书楼和私人藏书楼。无论何种类型的藏书楼，都具有私有性、封闭性、专用性的特点。上述特点的形成与我国古代的经济形式和相关技术的发展水平有着密切的关系。一方面，小农经济的生产资料个人所有制形式使我国古代的藏书者对于自己所持有的藏书形成了狭隘的占有心理。另一方面，由于印刷术等相关技术发展水平的限制，当时社会上书籍稀少，且获得较为困难，更加激发了藏书者对于藏书的爱惜和占有心理，不愿将藏书轻易示人，这也使得我国古代的藏书楼形成了"重藏轻用"的特质。我国古代的藏书楼所藏的书籍涉及的范围极广，包括历朝历代有关天文、地理、历史等各方面的书籍。因此，藏书楼对于推动我国古代文化的继承和发展也起到了一定的积极作用。到了清代末期，封建经济逐渐解体，社会战乱频繁，藏书楼在战火中艰难维持，逐渐走向衰落。当时的一些仁人志士开始向西方学习新的思想，在这一过程中，西方的图书馆学术思想也逐渐被引入我国，使传统藏书楼开始向新式藏书楼发展。

进入近代以后，社会对于图书产生了极大的需求，在这种需求的推动下，封闭的传统藏书楼逐渐面向社会公众开放，开始承担起了类似图书馆的社会服务职责。这一时期我国也建立起了一批新式藏书楼，其中有私人创建的，如徐树兰创建的古越藏书楼；有学校创建的，如京师大学堂藏书楼；有书院创建的，如格致书院藏书楼；有学会创建的，如苏学会藏书楼、扬州匡时学会藏书楼等。这些新式藏书楼将我国传统的藏书楼管理方法与西方的图书馆管理技术相结合，不仅丰富了藏书体系，还建立起了借阅制度，这些变化表明新式藏书楼开始向近代图书馆转变。

在辛亥革命前后，西方的科学知识和文化进一步在我国传播，促进了近代教育在我国的发展，一批知名高校也在这一时期相继建立了本校的图书馆。

## 二、中华人民共和国成立后的高校图书馆

### （一）恢复发展时期（1949—1965）

中华人民共和国成立后，国家对于高校图书馆事业十分重视，我国的高校图书馆事业进入了新的发展阶段，中华人民共和国文化部（现文化和旅游部）成立，职责之一就是对高校图书馆进行统一管理。为促进高校图书馆的恢复与发展，我国主要采取了以下几方面措施。

1. 加强对高校图书馆的管理

新中国的成立，使我国的高校图书馆事业进入了新的发展阶段。在这一时期，我国高校图书馆事业面临着两方面问题：一方面是传统高校图书馆遗留的反动、落后的书籍需要清除；另一方面是传统高校图书馆

的工作方法和水平都较为落后，需要普及现代化的工作方法，提高高校图书馆工作的科学化水平。

1956年，党中央发出了"向现代科学大进军"的号召。为响应号召，以北京大学为代表的各重点高校开始了对现有馆藏和图书馆工作的改革活动，这也拉开了我国高校图书馆服务教学与科研的序幕。同年12月，国家高等教育部还针对高校图书馆工作改革召开了专门的会议，对我国高校图书馆的性质和主要任务进行了明确。其中，我国高校图书馆的性质被明确为"为教学与科研服务的学术机构"，我国高校图书馆的主要任务被明确为以下四方面：第一，向高校师生以及科研工作者提供相关的文献资料；第二，对馆藏资料进行统一管理和科学分类；第三，利用馆藏宣传国家的相关思想、政策与法律；第四，培养专业的图书馆干部人才。此外，会议还颁发了高校图书馆事业相关法律草案。这些草案的颁发，为我国高校图书馆的科学有序发展指明了道路。①

2. 培养图书馆专业人才

如前文所述，我国十分重视培养专业的图书馆干部人才，这也是高校图书馆的主要任务之一。为对图书馆专业人才有计划地进行培养，教育部在高校设置了学制为三年的图书馆学专业，同时提供函授的培养形式。此外，为提高高校图书馆现有从业人员的素质，教育部还专门为这类人员举办了进修班。各种形式的教育和进修，对于高校图书馆工作人员业务水平的提高起到了重要作用。

3. 借鉴国外先进理论

在高校图书馆恢复和发展时期，我国积极借鉴国外的先进理论，以促进我国高校图书馆的发展。1955年我国就曾选派留学生到苏联进行

---

① 李艳春、朱平哲、毛靖：《大数据环境下高校图书馆信息服务转型研究》，北京：北京工业大学出版社2019年版。

图书馆理论的学习，还曾派出考察团对德国、波兰等国的图书馆进行考察观摩。这些活动使我国学习到了国外图书馆事业发展的宝贵经验和科学方法，对我国高校图书馆在文献建设、服务、管理等方面都有着积极的借鉴意义。

4.增强高校图书馆之间的协作

在加强高校图书馆建设的过程中，我国逐渐认识到了高校图书馆间协作的重要性。为促进和加强高校图书馆间的协作，我国在1957年专门出台了《全国图书协调方案》，并成立了中心图书馆委员会、图书提要卡片联合编辑组、全国图书联合目录编辑组，负责全国各高校图书馆间的协作管理、文献编目、馆际互借等工作。

（二）停滞破坏时期（1966—1976）

1966—1976年间，我国高校图书馆建设处于停滞破坏时期。在这一时期，各大高校的图书馆基本处于关闭状态，馆舍遭到占用，图书采购工作也被迫停止。高校图书馆不仅数量减少，文献资源也出现了大量流失。直到高考恢复，高校图书馆才逐渐恢复开放，但是开放范围受限，新的馆藏图书也极少。

（三）改革振兴时期（1978—1988）

1978年，党的十一届三中全会的召开实现了拨乱反正，我国的高校图书馆事业也重新获得了发展机遇，进入了改革振兴时期。在这一时期，高校图书馆获得了越来越多的建设资金，管理体制和管理方式也朝着更加科学化的方向发展。高校图书馆馆员的思想实现了转变，管理行为更加规范，服务思想逐步树立起来。同时，随着科学技术的发展，现代科学技术也开始应用于高校图书馆之中，使其既提高了科技水平，又丰富了服务方式。

在党的十一届三中全会之前，我国还召开了全国科学大会，从图书馆的情报职能出发，对高校图书馆的情报工作尤其是科技情报工作提出了新的任务和要求。

此外，我国各部门还针对高校图书馆事业如何从停滞破坏时期中获得恢复和发展提出了一系列建议，为发展高校图书馆事业做出了规划，指明了方向。

改革振兴时期，我国高校图书馆在文献资源建设、图书馆建筑面积、从业人员、读者服务、学术交流等方面都得到了极大的发展，高校图书馆事业实现了全面改革与振兴。

（四）稳步发展时期（1989—1998）

经过改革振兴时期的高速发展，1989—1998年间，我国高校图书馆事业进入了稳步发展时期，对高校图书馆开展评估工作也成为其发展建设的一个重要方面。1989年，全国高校图书馆评估研讨会召开，会议拟定了相关草案，使高校图书馆的建设与发展有了更准确的参考标准。

1991年，国家教育委员会颁布了《关于开展普通高等学校图书馆评估工作的意见》，详细规定了对高校图书馆的评估目的、评估内容、评估级别等，还规定了高校图书馆评估指标体系大纲。高校图书馆建设进入了全面评估阶段，建设的可操作性越来越强，大大促进了高校图书馆的稳步健康发展。此后，各种关于高校图书馆建设的研讨会相继召开，如全国高校图书馆学系主任会议、全国高校图书馆外文报刊协调会议、全国高校图书馆期刊学术研讨会等。这些研讨会的召开，使得高校图书馆数据库建设更加科学化、标准化、规范化。

（五）飞跃发展时期（1999年至今）

自1999年以来，随着社会的不断发展，高校图书馆建设水平不断提升，在各方面都取得了新的发展，进入飞跃发展时期。这一新的发展阶段也对高校图书馆建设提出了新的要求，特别是在信息技术和网络技术应用等方面。可以说，在这一时期，高校图书馆既面临着严峻的挑战，又面临着难得的机遇。传统的高校图书馆只有积极适应现代社会科技的发展和变化，努力转变为现代化的高校图书馆，才能够实现自身的飞跃性发展。

《2017年中国高校图书馆发展报告》数据显示，该年度全国高校图书馆文献资源购置费平均值达到650.4万元，比上年净增加40万元。其中纸质文献资源的购置费用有所下降并趋于稳定；电子资源购置的费用则有较大的增长，且在高校图书馆文献资源购置费用中的占比也越来越高，已经超过了50%。我国高校图书馆工作人员的学历水平也在不断提高，本科学历和研究生学历的工作人员比例不断增加，其中有的高校图书馆还拥有取得博士学位的工作人员。此外，高校图书馆的文献传递、信息资源共享与协同也取得了一定的发展。

在飞跃发展时期，我国高校图书馆正在不断提高现代化水平，实现全面、深入的现代化建设，不断跟上时代发展的脚步。

## 第三节 大数据技术概述

**一、大数据技术的相关概念**

（一）大数据

大数据是伴随着云计算、物联网等技术的发展而产生的一种新兴事物，可以将其表述为一个在体量和类别上都极大的数据集。并且由于这个数据集过于庞大，人们无法使用传统的数据库工具对其进行抓取和处理。

（二）大数据的特点

通过对大数据的概念进行分析，可以发现"大"是其最显著的特点。大数据"大"的特点表现在体量、类型、价值密度、速度四个方面，可以用4V进行概括。

Volume，即数据体量大，大数据的数据量已达到PB级别（1PB=1024TB）。

Variety，即数据类型多，文字、图片、音频、视频，乃至地理位置信息等多种类型的数据都囊括在大数据之中。

Value，即价值密度低，以视频类型的数据为例，若视频长度为1小时，在不间断的监控下，所能提取出的有价值的数据可能仅有1秒。

Velocity，即速度快，面对日益增长的数据容量，提高数据处理的速度也成为信息技术的关键问题。大数据技术的数据处理速度极快，甚至能够在分秒之间完成对数据的处理，这也是大数据与传统数据库之间的本质区别。

（三）大数据技术

"大数据"不仅指数据本身，也包括采集数据的工具、平台和数据分析系统。解决大数据问题的核心是大数据技术。大数据技术是指从各种类型的巨量数据中快速获得有价值的信息的技术。大数据研发的目的是发展大数据技术并将其应用到相关领域，通过解决巨量数据的处理问题以促进该领域的突破性发展。因此，大数据时代的挑战不仅在于如何处理巨量数据并从中获取有价值的信息，也在于如何加强研发大数据技术，抢占时代发展的先机。

## 二、大数据分析

大数据不仅仅包含大体量数据，大数据分析是其中更为重要的部分，因为只有对大数据进行分析，才能获取有价值的信息。越来越多的应用涉及大数据，使大数据越来越复杂，大数据分析也就越来越重要。具体来说，大数据分析的功能可以分为以下五个方面。

第一，可视化分析。可视化分析能够将大数据的特点以直观的方式呈现出来，便于用户接受和利用，是各种类型用户使用大数据分析的最基本需求。

第二，数据挖掘算法。数据挖掘算法是大数据分析的理论核心。大数据分析需要依据数据的不同类型和格式选择相应的算法，对数据的特点进行科学的表现。正是利用这些算法，人们才能够深入数据内部，挖掘数据的价值。

第三，预测性分析。预测性分析是进行大数据分析的最终目的。利用大数据分析建立科学模型，代入新的数据，可以实现对未来的数据预测。

第四，语义引擎。语义引擎是大数据分析应用于网络数据挖掘的主要表现。大数据通过对用户检索的关键词进行语义分析，从而判断用户的需求。通过语义引擎，企业能够提供更为精准的用户体验和广告匹配等。

第五，数据质量和数据管理。数据的质量与管理是大数据分析不可分割的重要内容。只有保证数据的高质量和数据管理的有效性，才能够保证大数据分析的结果是真实的、有价值的。

### 三、大数据技术的价值

（一）帮助企业挖掘市场机会

通过大数据的获取与分析，企业能够对市场进行更为深入的挖掘。一方面，企业挖掘市场机会的关键，就在于如何获取用户的相关信息。大数据技术能够将用户的生活行为和消费行为分解，采集相关数据信息。另一方面，企业能够利用大数据对市场和消费群体进行更为细致的划分，从而对不同类型的用户采取更具针对性的行动和措施，如在产品的创意和设计上偏向目标用户群体的喜好。所以，经过大数据的分析，企业可以充分掌握消费者的习惯、偏好、需求等，挖掘出用户真正的消费需求，解决企业在产品的销售、创新等方面的各种问题。

在大数据环境下，社会的各行各业都迎来了数字革命。对于企业营销来说，如何快速、准确地找出产品需求者，分析用户在不同时空对于产品的特定需求，成为其在挖掘市场机会时面临的最主要问题。当前，随着网络的普及，人们在日常生活中会频繁地访问互联网，企业可以利用大数据技术对用户的访问行为进行数据收集，从而分析出用户的偏好，并对具有相似偏好的用户群体提供更具针对性的服务，精准地满足用户的需求偏好。在大数据技术的帮助下，对用户的需求满足甚至可以精准到个人，实现私人的量身定做。大数据技术对用户形象的勾勒，能够有效降低企业与用户的沟通成本。例如，对于企业来说，可以利用大数据对潜在的用户群体进行分析，调查潜在用户对于企业产品或服务的态度，进而对持肯定态度的潜在用户进行分析。这时再以收入为标准对用户进行进一步划分，就能最终确定企业产品开发和营销的方向。

此外，在与消费者的沟通和关系的建立上，大数据技术也给企业带来了改变。过去企业与消费者的沟通采用的方式是单一的、分散的，而在大数据环境下，双方能够实现即时的沟通。即时的沟通也实现了即时的响应，即企业能够实现对用户需求的快速反应和解决。同时，沟通方式的变化也使企业能够在与消费者沟通的过程中与之建立更深层次的关系——不仅仅是简单的买卖关系，更是互信、双赢的伙伴关系，而这种良好的伙伴关系有利于企业把握更多的市场机会。

（二）提高决策能力

可以说大数据的产生就是为了满足决策的需要，提高决策的正确性。目前，大数据已经渗透到社会的各行各业，虽然在不同的行业之间存在差别，但是从数据的获取到最终的应用，其模式都是一致的。

基于大数据技术的决策，一是实现了数据决策由量变到质变的进步。大数据技术使更为广泛的数据挖掘成为现实，也使所获取信息的完整性越来越高，在以数据信息为依据的前提下，决策的理性程度也越来越高，有效避免了依靠个人经验与直觉所做出决策的盲目性。二是提高了决策的知识性和科学性。虽然人们面对着数据的汪洋大海，但云计算技术的发展使得人们不至于在其中迷失方向。利用云计算技术，人们实现了对海量数据的分析与处理，能够在大数据的海洋中获取和创造有价值的信息。三是能够解决一些过去难以解决的问题。例如，在药物的研究方面，有时简单的样本验证难以准确地证明某种药物的疗效和副作用，通常需要对海量的病例数据进行分析，才能够得出准确的结果。大数据技术使研发人员对药物信息和病例信息的收集和处理变得更为容易。

在经济方面，从宏观层面来说，大数据有利于经济决策部门更加准确地分析当前经济形势、预测经济发展走向，从而制定出更加科学的政策。从微观层面来说，大数据则有利于提高企业决策的效率和水平，促进企业创新，给企业乃至其所处的整个行业创造价值。传统企业主要凭借企业管理者的个人经验与直觉进行决策，现在不少企业的决策模式依然如此。企业采用这种决策模式主要是由于技术、成本等方面的限制，一方面，企业获取的信息有限，另一方面，企业获取信息需要付出高昂的成本。然而，在大数据环境下，企业能够轻松收集到海量的数据，因此，企业在决策上更能够以数据为依据和指导，避免盲目的个人决策造成不良的后果。

(三) 创新企业管理模式

当前还有不少企业仍然延续着传统的管理方式和制度，通过上下层级进行信息和指示的传递、安排等，并且禁止员工间对企业管理进行讨论。随着社会的现代化发展，传统的企业管理模式已经越来越不适应社会的需求。企业对员工控制过于严格会反过来降低企业的效率。

随着现代信息技术和设备的普及与应用，人们生活中的各个领域都已经融入大数据环境，并且提倡个性化发展。因此对于企业来说，激发创新能力显得尤为重要，而传统的管理模式已经无法适应现代企业的发展需要，企业对员工个体的压制不符合个性化发展的时代需求，不利于激发员工的创造力。

在信息时代，一台设备的性能主要是由芯片决定的，也就是由其存储和处理能力以及程序的有效性所决定的。从这一角度看，对于企业来说，在管理方面更要重视系统之间的完善和配合，更加关注个人脑力的运用，充分满足员工的个性需求，激发员工的创造力，从而推动企业的创新。

其实，大数据技术的价值与企业管理的核心要素之间有着极高的契合度。对于企业管理来说，最核心的一项要素便是信息的搜集与传递，而大数据技术正是通过对信息的挖掘和处理发现和创造价值。从这一点来说，二者是高度契合的，甚至可以将大数据技术作为企业管理的一个新的、重要的工具。在大数据技术下，企业能够获得更加科学的信息作为决策的依据，以此来提高企业的决策能力，使企业制定出更加科学的、符合自身发展的战略决策。

（四）变革商业模式

在大数据时代下，充分利用数据价值成为用户的核心需求。不断有企业通过对大数据的分析和利用，抓住新的市场机遇，创新自有商业模式。

利用大数据技术，企业或对现有的产品和服务进行完善，或是创造新的产品、服务以及业务模式。纵观互联网技术发展的历史，每当互联网技术实现了概念和技术上的变革，必然随之产生新的商业模式。如在个人电脑时代，微软抓住了计算机操作系统的市场机遇；在互联网时代，谷歌抓住了互联网广告的机遇；在移动互联网时代，苹果抓住了终端销售和应用商店的机遇。

考察国内的商业模式创新，则可以从金融业务模式的角度切入。如阿里巴巴旗下的阿里金融就利用大数据技术，收集了海量的用户信用数据和行为数据，并且以大数据为基础，建立起网络数据模型和信用体系，客户申请贷款不再需要抵押和担保，利用大数据分析评估信用分数即可。阿里金融所采用的这种模式，使贷款变得极为方便，让企业能够快速获得资金。可以说，阿里金融应用大数据技术实现的模式创新，实现了对传统金融业务模式的极大突破，给传统银行业带来了巨大的挑战。

随着信息技术的不断发展，社会中各种信息的数量呈爆炸式增长，企业所掌握的数据量也越来越大。在此背景下，大数据技术能够帮助企业对海量数据进行有效的整理、分析和处理，构建系统化的数据体系。

此外，大数据对于企业的出口贸易也具有积极作用。在过去，企业要实现商品出口，需要经过国内进口商、国外出口商以及国外的批发商、零售商等多个渠道，复杂的流程极大地增加了企业的成本。如今，在大数据技术的支撑下，企业利用大数据平台即可将产品直接销售给买家，从而节省货物在各种中间环节流通的成本。在这一方面，最有代表性的例子就是淘宝网。淘宝网属于网购平台，每天都会有大量的交易在平台上进行。在完成交易时，淘宝网会记录交易的时间、价格、数量、买方和卖方的个人信息等数据。这样一来，淘宝网拥有了海量的数据，成为一个大数据平台。基于大数据平台，淘宝网可以将交易数据与买卖双方的个人数据相匹配，优化店铺排名，实现精准的用户推荐；商家可以利用自己积累的销售数据与淘宝网提供的相关数据相结合，实现经营成本与销售利润的可视化，利用大数据分析对产品的销售、创新等进行指导，以获得更多利润；用户则可以对商品的评价等相关信息进行查阅和分析，从而购买价格和质量更合适的产品，避免交易风险。

（五）拓展个性化发展

大数据能够有力地推动个体自身的个性化发展。

在医疗领域，传统的医疗只能够根据患者当前的身体情况对病情进行诊断。然而，在大数据技术下，医生则可以通过对患者的历史病历进行分析，实现对患者的个性化治疗。此外，在患者出现发病症状时，医生也可以根据对患者历史病历的分析，为其提供早期的检测和诊断，从而降低患者治疗的费用。在大数据技术下，医疗领域也发展出了各种智能化监测设备，用户佩戴这些设备，便可实现对身体状况的监控，并通过数据将各种指标反映出来。

在教育领域，大数据技术的应用也有利于促进学生的个性化发展。在传统的教育模式下，考试分数是对学生进行评价最主要的依据。在过去，一个教师需要负责数十个学生的教学工作，知识讲授、作业布置等教学内容都是统一的，很难做到个性化的因材施教。然而，在大数据技术下，个性化的教育方式得到了极大的发展。以学生的评价体系为例，大数据分析会将每个学生的考试分数与其家庭背景、智力水平、学习情况等联系起来，形成个性化的数据体系，使教师对学生具体学习情况的个体化关注成为现实。只需要通过一定的技术与设备辅助，就可以在学生自然的学习状态下，对其学习情况进行监控，所获得的数据也具有较高的真实性。此外，大数据技术在教育领域的应用也带来了弹性学制、个性辅导等个性化教育模式的实施与创新。

（六）驱动智慧城市的建设

随着大数据不断发展，国内外已经形成了建设"智慧城市"的热潮。

在交通领域，大数据可以对各类交通工具和交通线路进行分析，以实现对车流的控制和引流，解决交通拥堵的问题。大数据还可以通过利用各种智能设备，实现对公交、地铁等公共交通客流量的监控和管理，从而实现城市的"智慧交通"。

在治安领域，大数据可以将城市中的监控系统与计算机连接，与犯罪人员信息匹配，用于抓捕在逃人员。此外，大数据技术还可用于分析犯罪模式、预测犯罪趋势等方面，从而实现城市的"智慧安防"。

在医疗领域，大数据可以帮助医生建立数字病历，收集各类临床数据与患者体征数据,用于医疗研发、实现远程会诊等。此外,政府医疗保障部门还可以通过对医疗保险进行大数据分析,进行商业开发或政策制定等。

可以说,随着智慧城市的建设与发展,大数据已显现出了一定的应用价值,政府在利用大数据进行城市建设与管理等方面已经进入实质化阶段。而政府对大数据的广泛应用,也拉动了对大数据的市场需求,从而促进了大数据产业的发展。

(七) 预判未来趋势

系统的生命力就在于其自身的不断优化,而在系统中,大数据的重要性就相当于血液和神经对人身体的重要性。在对大数据进行深入挖掘的过程中,人们将会了解到系统内不同机体协调运作的过程,由此掌握控制机体的操作,从而对系统进行长远的维护和优化。大数据就相当于人类社会的神经中枢,实现着不同个体单位的联系、交流与配合,使人类社会运行得更加灵活。同时,随着大数据的发展,人类社会的交互过程也在不断简化,各类交互活动的成本得以降低。正因如此,人类社会才在大数据的支持下不断向前发展,表现出持续的生机与活力。

通过考察和分析大数据在各行各业的应用,可以发现大数据不仅能够对社会进行深入的挖掘、推动社会的创新,还能够为人们提供看待问题的新角度,甚至创造新的商业机会。所以,对于企业的生存和发展来说,大数据显得越来越重要。

在大数据环境下,数据的数量愈加飞速增长,如何实现对大数据的获取和利用,成为大数据时代的重要课题。在现代社会中,企业所面临的市场环境瞬息万变,市场竞争日益激烈,企业要想实现更好的生存和发展,并在行业中占据领先地位,必须对行业中运行的海量数据进行收集,并利用大数据技术进行数据分析,对未来行业的发展趋势进行预测,从而提前做出调整和部署,以应对行业的发展变化。这一点对于国家来说同样重要,各项科研活动的开展、公共政策的制定、国家战略的部署等,都需要以大数据为基础。

## 第四节　大数据对高校图书馆的影响

### 一、高校图书馆拥有的大数据

（一）智能设备数据

高校图书馆配备的智能设备随时都在收集信息,形成庞大的数据集。例如,图书馆的门禁系统可以保存大量的读者进出馆信息,工作人员可以利用大数据分析,清晰地了解到哪一个时段是高峰期,从而提前做出相应的人员配备调整,为读者提供更优质的服务。

（二）物联网数据

在图书馆的不同环境中放置传感器,对环境进行数据采集,经过一定时间的积累,会产生巨大的数据量,可以帮助工作人员对图书馆的使用情况进行基本的了解,方便他们进行资源配置。

（三）互联网数据

互联网的数据产生速度超越任何一个传播媒介。互联网拥有巨量的用户群体,因此互联网数据的更新速度也非常迅速。对于高校图书馆而言,访问图书馆网站的用户数据中包含着众多的读者信息,成为图书馆大数据的重要组成部分。

### （四）科研共享数据

高校图书馆在很大程度上充当着高校科研服务中心的角色，理应成为高校科研数据的共享平台，然而国内很多高校图书馆却没有做到这一点。高校图书馆拥有丰富的科研数据，但往往只限于本单位或者本课题组使用，基本上不会公开分享，在很大程度上造成了资源的浪费。实际上，共享科研数据有利于丰富高校科研大数据来源，有利于高校图书馆的资源建设。

### （五）移动互联网数据

随着高校移动图书馆的深入发展，使用者可以随时随地登录高校图书馆，获取自己所需的信息。这样一来，高校图书馆可以利用移动互联网技术来获取读者的相关信息，进一步分析读者的阅读倾向，有效地预测读者的阅读需求。

## 二、高校图书馆具有大数据特征

在大数据时代，高校图书馆的大数据特征也愈加明显。

首先，高校图书馆数据资源所涵盖的内容非常复杂。既包括高校图书馆自身发展的相关数据信息，又包括来自读者的服务信息。这些数据不管是在编码上还是在格式上都没有办法统一，造成了大量的异构数据。

其次，高校图书馆的数据资源每天都在更新。全国数字图书馆的信息总量十分庞大，高校图书馆必须根据读者的信息对这些数据进行分析与筛选，整理出合适的应变策略。

再次，高校图书馆会不定期地推出一些新兴的服务方式。用户的数据信息也会随之增加，高校图书馆要对这些数据设定一些限定条件，以方便筛选整理。

最后，高校图书馆数据库的存储与统计已经进入了新的阶段。但是，图书馆依然需要对这些数据进行异构处理，不断优化服务方式，为读者带来更好的服务体验。

**三、大数据对于高校图书馆的价值**

（一）为资源采购提供决策支持

进行资源采购需要资金的支持，但是高校图书馆的资金有限，要想让有限的资金发挥出最佳的效用，就需要进行合理的分析与预判。通过分析读者使用资源的交互数据，高校图书馆可以有效地了解到读者对图书资源的使用情况，并以此预测读者的需求，这有利于图书的采购。高校图书馆对于读者需求量大但目前没有馆藏的图书可以增加采购的预订量，对于读者使用频率不高的图书可以减少购入量，或者取消购买。

（二）为读者提供个性化服务

大数据分析有利于高校图书馆为读者提供个性化的服务，减少不必要的资源浪费。因为高校图书馆中包含大量的读者信息，如检索记录、访问记录、借阅记录等，再结合学校提供的读者个人信息，图书馆可以分析出读者的阅读需求与学科需求，为其精准提供个性化服务。

（三）为科研人员提供学术环境

高校的科研人员在从事科研活动的过程中，会积累大量的科研数据，高校图书馆有责任将部分科研数据予以保存。同时，高校图书馆还应积极收集科研相关的数据，为同一学科或者同一研究方向的科研人员构建虚拟论坛，打造学术交流平台。

### 四、大数据时代高校图书馆的定位

**（一）业务与服务重点向上游转移**

传统图书馆与数字图书馆的业务和服务重点都处在下游，即重点在于资源的组织、利用和保存上。在大数据时代，高校图书馆的业务与服务重点开始向上游转移，将重点放在数据收集、分析、存储与处理上。图书馆利用大数据技术实现对海量信息的收集、分析、处理，形成具有情报价值的服务信息并提供给用户，以便用户可以及时、准确地获取有效信息，真正实现了业务与服务重点向上游转移。

**（二）公共数据存储、处理、分析与服务中心**

图书馆作为现代社会公共文化服务的重要场所，在文献传递、社会教育、娱乐休闲等方面具有重要的意义。我国图书馆一直致力于优化图书馆信息服务，加强信息技术应用。目前，我们正处在一个信息爆炸的时代，高校图书馆也正在面临密集型数据相关分析的重大挑战，这样一来，图书馆的信息服务开始集中于大数据分析与处理领域。高校图书馆的定位不再局限于社会文化服务机构，而是致力于成为公共数据存储、处理、分析与服务中心，肩负起高校图书馆应该承担的社会责任，凸显图书馆的社会角色。

**（三）协调的有机网络体系**

目前，对大数据最多的讨论集中在数据的分析、处理与服务，想要发挥出这些技术的真正价值，就需要大量数据的支持，利用大数据技术对所有相关的数据都进行整理和处理。在大数据时代，高校图书馆需要借助自身数据的支持，以及相关联信息中心的数据支撑，形成协调的有机网络体系，实现图书馆数据的共享，更好地为读者服务。

## 五、大数据时代高校图书馆面临的机遇与挑战

### （一）高校图书馆的海量数据处理问题

高校图书馆不仅藏有大量实体书，也储存了大量的数字资源与电子资源。现代新媒体技术的应用与推广，使读者可以随时随地从图书馆获取自己需要的信息，高校图书馆的用户也随之大幅度增长，用户访问图书馆网站带来的信息形成了海量数据。面对数量如此庞大的数据，高校图书馆必须充分挖掘各种半结构化数据，深度挖掘这些数据的隐性价值，以此提高高校图书馆的服务水平。

### （二）高校图书馆的网下服务与网上服务

虚拟图书馆是当前图书馆发展的一个重要方向。虚拟图书馆与传统图书馆的不同之处在于，其完全依赖互联网而存在，以远程传送信息的模式向用户提供服务。它不以传统的大量印刷型馆藏为基础，而是以全球范围内浩瀚的互联网信息资源为处理对象，利用网络和超文本技术，筛选出高质量、高浓度的精品信息，并对其进行分类评价，按学科或主题重新组织，建立链接，最终提供给用户。随着用户需求的不断变化，图书馆的服务内容也在不断扩展，虚拟图书馆不再仅仅提供网上电子书的检索、浏览、下载、复制和链接，还与各类信息资源（如专题数据库和馆藏目录等）及实体图书馆藏建立了密切的联系，提供纸本文献电子版本的阅读、检索和下载服务。

尽管数字化图书馆和虚拟图书馆建设为图书馆网上服务勾画出"诱人"的前景，但网上服务毕竟只是网下服务的延伸和补充，不能完全取代传统的馆舍服务。纸本文献的"内阅外借"以及面对面服务仍然是图书馆提供服务的基本方式。面对面服务带给服务对象的亲和力和

感染力是冰冷的网页界面无法取代的。同时，网上提供的服务项目通常是用户可以自助完成的一些基本服务项目，如馆藏介绍与查询、数据库联机检索、网络资源导航等。一些较高层次的服务，如信息加工、定题检索服务等，仍然需要图书馆员在网下完成。网下服务不仅不应该被忽略，而且还要不断加强。例如，很多图书馆采取延长服务时间、扩展服务范围等措施，将网下服务工作做得更完善、更合理。网下服务作为图书馆服务的基本方式只能加强，不能削弱；网上服务则是为图书馆服务开辟了一个新的途径，使常规服务与特色服务相结合。①

传统图书馆往往注重"量大类全"的馆藏文献资源建设，而忽略了如何利用这些资源为读者提供针对性强的有效服务，各图书馆所提供的服务内容也往往大同小异。在网络环境下，文献信息总量激增，网上的虚拟资源更是日新月异、种类繁多。一个图书馆想要将网上所有的资源都提供给用户，既不现实也不可能，而且各种形式的信息源和信息服务机构层出不穷，已经与图书馆形成了竞争的态势。图书馆仅仅依靠传统的常规服务已无法适应新形势下竞争的需要，因此必须在做好文献收藏和提供传统服务的同时，办出自己的特色，靠"特色服务"吸引读者和用户，从而在竞争日益激烈的市场中立足。

所谓"特色服务"，可分为两种类型：一是以特定的馆藏资源开展的服务，这是每座图书馆在建设和服务中都可以做到并应该重视的；二是以特定的读者群或用户群作为服务对象，开展有针对性的服务。在第一种特色服务中，比较常见的方式是从用户需求出发，根据本馆实际，开发具有专业优势的产品，如开发特色的网上信息源、为用户提供专业信息导航等。第二类特色服务是在网络环境下高校图书馆针对特定的用

---

① 李艳春、朱平哲、毛靖：《大数据环境下高校图书馆信息服务转型研究》，北京：北京工业大学出版社2019年版。

户群体采取针对性的方式开展的服务。

当特色服务或特色馆藏发展到一定规模时，普通图书馆便成了特色图书馆。特色服务在国外发展得较为成熟，而在国内还有待加强。其重要的原因之一是国内图书馆在建设指导思想上历来存在"求大求全"的错误观念，且服务工作按部就班，缺乏主动性和创新思维。在网络环境下，图书馆个体只有突出自身的馆藏特色和服务特色，才可能在林立的文献信息服务体系中吸引读者、吸引用户。大数据时代的激烈竞争迫使高校图书馆在完善传统服务的同时，加强特色服务，只有二者结合才能使图书馆保持长久的生命力和竞争力。

（三）高校图书馆的读者流失

以实体书馆藏为主的高校图书馆，在面对网络图书资源的冲击时，不免会产生压力。大数据则为高校图书馆的发展提供了新的思路，高校图书馆可以借助大数据技术分析读者的需求信息，不仅可以了解、还可以预测读者的服务需求，也可以深度挖掘读者的潜在需求。通过收集这些信息，图书馆可以优化当前服务方案，更好地吸引读者，进一步缓解网络图书资源盛行对高校图书馆的冲击。

（四）高校图书馆的大数据应用

一般来说，高校图书馆的服务对象主要集中在高校教师与学生。高校教师的科研成果可以侧面反映出该校的教学质量与科研水平。为提高学校科研水平，高校图书馆有义务为教师与学生提供必要的信息支持。高校图书馆可以利用大数据技术，分析学校师生的阅读需求，进一步挖掘信息的潜在价值，优化信息质量，这也是高校图书馆未来需要努力的方向。

用户访问高校图书馆网站，会留下使用痕迹，构成庞大的数据集，而这些数据的质量参差不齐，图书馆可以利用大数据技术对这些数据进行筛选，将有价值的信息保存下来。大数据技术并不单指某一项具体的技术，而是各类数据收集、分析、处理、存取、挖掘技术的综合应用，这些技术已经相对成熟，高校图书馆可以对其进一步改善和应用，更好地迎接新的挑战。

（五）高校图书馆的用户隐私保护

大数据技术并不是有利无害的，其也存在一定的弊端。有些数据会涉及用户的隐私，图书馆在处理这些数据的过程中，稍有偏差，就会造成用户信息的泄露，对用户造成极大的危害。这就需要高校图书馆对信息的处理方式加以改进，注重保护用户的隐私，对相关工作人员的职业操守加以规范，以保证合法、合理地使用这些数据。

# 第二章

# 大数据环境下高校图书馆管理

在大数据时代，图书馆主要为读者提供数字资源及网络服务。为在大数据环境下给读者提供一个良好的使用环境，高校图书馆应以现代信息技术为手段，以互联网为依托，构建大数据环境下的高校图书馆管理体系。本章分别对大数据时代高校图书馆的人力资源管理、服务与质量管理、知识信息管理进行研究与分析。

## 第一节　大数据时代高校图书馆人力资源管理

### 一、大数据时代高校图书馆人力资源的更新

高校图书馆人力资源更新主要涉及人力资源招聘、租赁、外包等内容。在大数据时代，做好人力资源更新工作有利于促进高校图书馆人力资源管理水平的提升。

#### （一）大数据时代高校图书馆人力资源招聘

高校图书馆人力资源招聘工作会直接影响图书馆组织的发展和馆员

的切身利益，所以应谨慎稳妥地开展。

1. 高校图书馆人力资源招聘的意义

招聘指通过某种方式，把具有一定知识、技能和其他特性的应聘者吸引到组织空缺岗位上来的过程，也是一种组织与应聘者个人之间进行双向选择和匹配的动态过程。在招聘过程中，招聘人员应坚持公开竞争原则、平等原则、因事择人原则以及全面原则。

高校图书馆人力资源招聘的意义具体可以从图书馆内部与外部两个层面来进行分析。

从内部来讲，招聘对高校图书馆的生存与发展会产生重要的影响。图书馆只有招聘到合格的人员，将其安排在合适的岗位上，并在工作中重视馆员的培训和发展，确保馆员队伍的素质适应高校图书馆的需要，才能提高图书馆的整体竞争力。此外，招聘对于图书馆现有馆员具有激励作用，可以激发人员内部活力，进而促进工作效率的提高。

从外部来讲，招聘活动也是高校图书馆的一次公关活动，有利于宣传图书馆的形象。从发布招聘信息，到招聘过程中的测试，直至最后的录用公示，在招聘的全过程中高校图书馆都可以通过各种渠道进行自我宣传。

2. 高校图书馆人力资源招聘的方法

高校图书馆人力资源招聘主要分为内部招聘和外部招聘，下面主要从这两个方面分析图书馆人力资源招聘的方法。

（1）内部招聘的方法

常见的内部招聘的方法包括以下几种：

张贴招聘告示。这一方法的使用最为普遍，招聘对象是高校图书馆全体馆员，招聘人员通过醒目的公告将职位信息提供给求职者。

高校图书馆人员后备库。高校图书馆人员后备库专门记录具有特殊技能的馆员资料。如果图书馆需要某种特殊技能的人员，可首先通过查询人员后备库进行遴选。

馆员推荐计划。这种方式是由高校图书馆的馆员主动推荐一名优秀的求职人选。该计划可以为图书馆招聘到具有特殊技术和资历的人员，但也有其自身缺陷，即可能会导致小集团主义和任人唯亲，影响招聘工作的顺利开展。

人事记录。高校图书馆的人事记录一般涵盖所有馆员的个人信息，如教育背景、工作经验、兴趣爱好和专业技能等。在招聘时，招聘人员可借助这些信息对人员资格进行初步确认，便于进一步考察和任用。

（2）外部招聘的方法

如果内部招聘不能满足岗位需要，高校图书馆可考虑进行外部招聘。外部招聘的途径有很多，此处主要介绍以下几种：

猎头公司。猎头公司专门为组织选聘有经验的专业人员和管理人员。一般情况下，猎头公司不为个人服务，且每次服务无论是否招聘到中意的候选人，组织均需要向猎头公司付费。高校图书馆人力资源招聘可通过猎头公司来搜寻中、高级管理人员。

职业介绍机构。职业介绍机构存有各类应聘人员的大量信息，招聘单位可以十分便利地从机构处获取这些信息。高校图书馆人力资源招聘如采用这一方式，可以在节省时间的同时获取更广泛的应聘人员信息。当然，职业介绍机构也会收取一定的费用。

主动求职者。招聘主动前来求职的人员，所需费用较低，且求职者一旦被录用，通常不会轻易离开。但这种方式也有缺点，主动求职者往往在就职前对其所申请的工作了解不多。所以，在招聘管理人员和专家时，高校图书馆一般不采用这一方式。

3. 高校图书馆人力资源招聘的流程

一般而言，高校图书馆人力资源招聘的流程如下：

获得应聘者简历。高校图书馆通过发布招聘广告、校园招聘会、专场招聘会、在人才市场设立招聘站等形式发布招聘信息，获得应聘者的简历等资料。

初选。高校图书馆招聘领导小组根据岗位的具体要求对应聘者进行初选。

筛选。高校图书馆招聘领导小组在初选的基础上筛选出合适的人选，并对这些人选做进一步筛选。

测试。高校图书馆招聘领导小组对经过多次筛选的合适人选进行测试。测试包括面试和笔试。招聘领导小组通过面试和笔试对应聘者进行考核，从而确定图书馆最终录用的人选。

人员聘用。这一阶段招聘工作的主要任务是根据录用决策的结果正式聘用馆员，包括通知录用人员报到、安排岗前培训、签订劳动合同或聘任合同、安排上岗、进行为期3~6个月的试用期考察。在考察期间，招聘领导小组需要将录用人员实际工作表现与招聘时对其能力所做的测试结果进行比较，以对招聘录用时测试方法的信度和效度进行判断。

需要提及的一点是，招聘结束之后，招聘领导小组还需要对整个招聘工作予以检查、评估，总结经验，纠正不足，并将评估结果形成文字材料，以供下次参考。

4. 高校图书馆人力资源招聘的措施

（1）制订科学、合理的人力资源规划

首先，根据高校图书馆的发展目标，对图书馆在未来环境变化中人力资源的供给和需求情况进行合理预测，制定必要的人力资源获取、利用、培训、开发政策和措施，从而保证图书馆在招聘中获得其所需要的人才。

其次，根据人力资源规划，确定明确的选人标准。主要使用工作分析法，结合图书馆岗位对人员素质的要求，如专业知识、能力、个性特征等，重点在技能和个性方面进行量化分析，整理出此岗位所需人员最佳素质的一系列数据，并以此为标准筛选应聘者，能够达到预定标准的即可成为图书馆招聘的对象。

（2）寻求高校图书馆文化的认同者

高校图书馆要健康发展、良性运作，离不开良好的图书馆文化氛围。在高校图书馆招聘时，不仅要对应聘者的学历背景和语言能力做一定要求，还要考察应聘者是否了解高校图书馆文化。高校图书馆在招聘过程中也应注重对图书馆文化的宣传，寻求图书馆文化的认同者，这样才能更好地促进图书馆的发展。

（3）采用有效的测评（面试）方法

目前，人力资源测评手段多种多样，主要以面试为主。对于高校图书馆不同岗位的应聘者，所采用的面试方法也应有所不同。例如，招聘馆长时，要从应聘者的沟通能力、协调能力、亲和力和公正性等方面来测评；招聘部主任时，则主要从协调能力、忍耐力等方面来测评。通过测评，可以将应聘者抽象的能力进行数字量化，进而挑选出适合图书馆工作岗位的最佳人选。

（4）提高招聘人员的素质

通过对招聘者图书馆业务知识、文化知识、技能、沟通技巧等方面的培训，可以提高高校图书馆招聘人员的整体素质。此外，高校图书馆招聘人员还应具备以下专业素质：公正、公平、知人善任、不感情用事。

## （二）大数据时代高校图书馆人力资源租赁

人力资源租赁是指人力资源租赁公司通过合同的形式，吸收、储备人才，然后根据用人单位的需要，再将人才出租给用人单位，与用人单位签订租赁合同。

1. 高校图书馆人力资源租赁的意义

人力资源租赁具有重要的实践意义，此处主要从以下几个层面进行分析。

（1）对国家而言，人力资源租赁有利于促进第三产业的发展，是国民经济新的增长点。同时，它有利于扩大就业面、缓解就业矛盾，对社会具有一定的积极作用。

（2）对高校图书馆而言，人力资源租赁减少了招聘、选拔、录用、培训、离退休、人事管理等环节，降低了馆员使用成本。此外，以岗租人，对馆员人数起到了有效的控制作用，精简图书馆管理机构，提高人力资源使用效率，减少用人风险，使高校图书馆吸纳优秀人才。

（3）对租赁公司而言，人力资源租赁有利于拓展业务，增加利润。

（4）对人力资源而言，人力资源租赁有利于充分发挥个人专长，提高个体收入水平。

此外，对个人而言，很多人往往对国家劳动人事政策和办理程序不熟悉，如果由租赁公司代其前往人事劳动部门，调档案、办保险、落户口等，既节约了时间，又消除了后顾之忧。

2. 高校图书馆实行人力资源租赁制度的措施

因馆制宜，合理利用人力资源租赁制度，可以最大限度地调动租赁人员的工作积极性。人力资源租赁制度有其自身的优点，各高校图书馆应结合本馆的实际情况，如图书馆的规模、类型、数字化程度、服务方式等，决定是否使用该制度，以及如何使用该制度，从而激发馆员的积极性，使其更好地服务于读者。另外，高校图书馆应该尽可能地争取上级主管部门的理解和支持，使图书馆有一定的人事自主权和经费自主权，能够根据图书馆的目标要求适当地、恰当地选择租赁人才的类型和层次，按需设岗，因岗定酬，给租赁人员提供合理的待遇。

加强租赁人员培训，提高租赁人员素质。馆员素质直接关系到高校图书馆的服务质量，图书馆要生存和发展，离不开一支高素质的馆员队伍。租赁人员作为图书馆员中的一分子，也需要接受相关的培训教育。高校图书馆要有计划、有系统地组织安排租赁人员，尤其是非专业出身的租赁人员进行专业基础知识与技能的培训，包括文献分类、编目和计算机检索等，也可以请一些专家来做一些前沿性讲座，激发租赁人员的创新性，使他们不断提升自己，更好地适应大数据时代的高校图书馆工作。

构建客观、科学的高校图书馆租赁人员评价体系。高校图书馆应构建一套客观、科学的租赁人员评价体系，在评价时坚持科学性、可行性、全面性和可比性等原则。可以采用专家咨询法和对偶比较法来确定租赁人员的质量评价指标权重。从确立标准与评价手段入手，可以找出建立高校图书馆专业人才评价体系的重点与难点，提出可行的方案与措施。高校图书馆需要建立规范的人才引进绿色通道，采取多种方式、方法引进租赁高层次人才，充分发挥图书馆对各层次人才的吸纳集聚，促进高校图书馆服务工作、科研工作以及现代化技术的创新。

### (三) 大数据时代高校图书馆人力资源外包

#### 1. 高校图书馆人力资源外包的含义

高校图书馆根据自身工作需要，将一项或几项人力资源管理职能外包出去，把组织内人力资源部承担的工作职能交由外部人力资源机构来管理、实施，从而降低人力成本，最大限度地提高工作效率，这就是高校图书馆人力资源的外包。

高校图书馆人力资源外包，能使该部门管理人员从作业性、事务性的工作中解放出来，将工作重点放在思考战略规划、职能建设、提升人力资源竞争力等方面。

#### 2. 高校图书馆人力资源外包的方式

高校图书馆人力资源外包的方式有很多，组织应根据外包的目的、服务商资质、环境等因素来决定外包方式。下面具体介绍一些常见的高校图书馆人力资源外包方式。

整体外包。这种方式常用于组织进行一项较重要的人力资源管理工作，但没有相关工作经验的情况。此外，还有一种情况也可以采用整体外包，在组织独立进行某项管理工作，成本太高或效果不能达到预期目标时，图书馆就需借助外部的综合人力资源公司或专门咨询机构的力量，如进行员工职业生涯设计工作。

部分外包。部分外包是指组织将某项人力资源管理工作中无法独立完成的一部分进行有条件的外包，承包方必须按组织提供的信息资料进行工作，并在规定的时间内完成。例如，当高校图书馆需要设计一项绩效考评系统，但组织内部无法有效地设计出相对应的考核指标时，就可将工作外包。

大包干。一些组织没有人力资源管理部门，就将所有人力资源管理工作全部外包出去，组织也不设计、不进行、不实施相关的活动，只对承包方提供建议和实施监督。例如，一部分高新技术组织、虚拟结构组织等进行具体的人力资源管理活动时，就是采用大包干的形式。

小包干。小包干是将组织的一种或多种人力资源管理工作全部外包出去，组织仅负责检验和考核工作结果。例如，组织将招聘工作完全交由外部招聘机构进行，仅提出用人要求、员工考评条件等。

综合外包。组织在进行人力资源管理工作时，可能不只采取一种外包形式，而是综合多种形式，发挥各种外包的整合—协同作用。例如，图书馆在人员测评工作方面使用小包干，在绩效考评工作方面使用整体外包（设计）等。

3. 业务外包后的高校图书馆人力资源重组及其影响

随着大数据技术走进高校图书馆，虚拟馆藏比例上升，联机编目普及，图书馆的人力资源结构因此产生巨大的变化，许多馆员的职责角色发生转变，具体表现如下：

第一，编目水平高的馆员转换角色为外包编目合同的核查员、外包编目质量的控制员，或直接到外包公司从事编目工作。

第二，电脑水平高的馆员转换角色为外包网络合同核查员、外包管理系统质量控制员和网络信息导航员等。

第三，理论水平高的馆员转换角色为信息咨询员、学科馆员或文献检索教师。

第四，亲和力强的馆员转换角色为阅读指导员、文献流通员等。

大数据时代，我国高校图书馆业务的外包实践表明，业务外包可以实现高效、低耗、优质的管理目标，同时使高校图书馆基本的、最核心的职能——服务凸显出来，在经历了多年的曲折探索和发展后，高校图书馆再次清晰地展现了自己的核心价值。

与此同时，随着业务外包的不断拓展，高校图书馆原有的工作格局逐渐被打破，这也会造成一些负面的影响，主要体现为以下几点：

第一，在传统观念中，馆员以自己能在图书馆从事编目或网络管理、数据库建设为荣，业务工作一直是高校图书馆馆员认为的最能体现图书馆核心价值的工作。然而，业务外包使这部分馆员担心失去相对有核心价值的业务工作，引发馆员内心的不安，降低其工作积极性。

第二，业务外包使馆员失去了一些操作核心业务的实践机会，导致馆员专业理论与专业技能的荒疏，知识面变得狭窄。

第三，业务外包容易使馆员工作权限缩小，出现对工作的抵触心理，导致学习动力和创新能力逐渐减弱。

第四，业务外包容易造成高校图书馆人力资源的流失。由于书籍编目外包给出版机构，计算机外包给IT公司，图书馆原有的优秀的编目员或网络管理员出于对专业的执着或对高薪的追求，可能会跳槽，图书馆就会出现人才流失的现象。所以，高校图书馆领导层应努力做好馆员的思想工作，帮助他们完成角色的转变；高校图书馆馆员也应加强自我学习，积极参加培训教育，避免被大数据时代所淘汰。

## 二、大数据时代高校图书馆馆员的职业生涯开发与管理

职业生涯开发与管理是指组织开展和提供用于帮助和促进组织成员实现其职业发展目标的行为过程，包括职业生涯设计、规划、开发、评估、反馈和修正等一系列综合活动。在员工和组织的共同努力与合作下，员工的个人目标与组织的发展目标得以一致。

（一）大数据时代高校图书馆馆员职业生涯开发与管理的类型

大数据时代高校图书馆馆员职业生涯开发与管理，可以从横向、纵

向、核心向、网状、纵横双重向等多个维度开展，如图2-1所示。

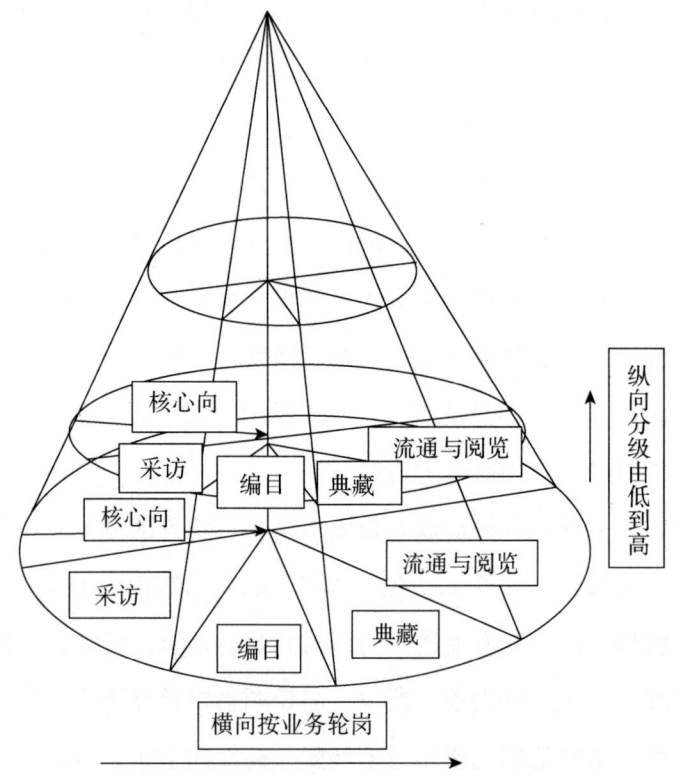

**图2-1 大数据时代高校图书馆馆员职业生涯开发与管理的类型**

（二）大数据时代高校图书馆馆员职业生涯开发与管理的方法

1. 制订和执行职业生涯规划

个人制订职业生涯规划主要是从长远考虑，以期获得职业上的成功。但当一个人进入组织后，其职业生涯规划就不再仅仅是他个人的私事。他的职业期望能否实现，最终是由组织所能提供的实际工作岗位所决定，这也解释了图书馆参与馆员职业生涯规划的必要性。高校图书馆可以帮助馆员正确分析自身状况，及时公布图书馆中的各项工作要求和岗位空缺，根据馆员自身情况和图书馆的需求情况，寻找馆员职业发展的有效途径。

对馆员的自身状况进行分析，需要图书馆的参与。馆员的潜能、素质只有在图书馆的工作中才能发挥出来，其职业目标也只有在图书馆的工作中才能得以确定。因此，高校图书馆要为馆员提供富有挑战性的工作，使其在工作中将自己的才能充分发挥出来。高校图书馆也要帮助馆员分析其实际能力和需求，只有全面了解馆员自身的状况，图书馆才能真正做到人力资源的有效开发。①

2. 开辟不同的职业生涯道路

大数据时代高校图书馆应依据每个馆员的特点，设计符合时代特征的、合理有效的职业生涯道路。

（1）横向途径

横向职业发展途径是指从本职工作以外的另一个角度出发，为员工的职业生涯发展提供可行措施。

目前，不少高校图书馆实行岗位轮换这一制度，以提高馆员的积极性，避免其长期处于同一岗位而产生厌倦，导致其发展停滞，这就是一种横向职业发展的途径。高校图书馆可以根据馆员自身条件和馆内实际工作的要求，让馆员相互之间轮换工作岗位，改变工作内容，扩展馆员的工作范围，提高其业务能力和工作积极性。

横向职业发展途径最利于新馆员熟悉工作，让其了解整个图书馆的各个工作环节。这一途径有利于找到新馆员的长处和弱点，以为其安排合适的工作岗位；也有利于新馆员在今后的工作中加强与其他部门的合作，促进各部门之间的沟通。

需要注意的是，该方法并不适用于那些业务精深或追求稳定工作的

---

① 梁宇清：《大数据时代的图书馆管理》，北京：中国原子能出版社2018年版。

馆员。

(2) 双重职业途径

双重职业途径是指工作人员同时担任两种职务。这种方法主要适用于实行矩阵式组织结构的高校图书馆，矩阵式组织结构是指高校图书馆根据某一工作项目的需要，单独组建工作小组，由不同业务部门派人参加。小组中的馆员既在新的工作小组中承担一定的工作责任，又在原来的业务部门中担任一定的职务。这种双重职业赋予馆员更多的工作任务，使他们承担更大的工作责任，有利于充分开发并利用馆员的各项专业技能。同时，以团队的方式工作会使馆员有机会接触更多其他业务工作，对于馆员的全面发展非常有利。

但双重职业途径对追求稳定、不愿承担重大责任的馆员并不适用。

(3) 工作内容的重新设计

工作内容的重新设计指将原来支离破碎的工作内容进行重新组合，提升工作完整性，扩大工作范围。工作范围的扩大有利于高校图书馆馆员突破个人工作的局限，从整体上对工作的重要性有一个新的认识。

3. 在不同的职业生涯阶段采取不同的管理措施

(1) 职业准备

在职业准备阶段，潜在应聘者尚未进入高校图书馆，图书馆不可能对其进行直接管理。但这一阶段往往是人们形成工作选择观的关键时期，大数据时代的高校图书馆若可以在此阶段树立良好的形象，对外积极宣传，在一定程度上会影响个人的工作选择和职业准备，有利于高校图书馆吸纳更多良才。

(2) 进入组织

在应聘者进入组织的阶段，高校图书馆应做好招聘工作，选拔合适的人员进入图书馆。新馆员入馆后，高校图书馆要做好培训，除与实际工作有关的技能培训外,还需要对馆员加强高校图书馆组织文化方面的教育,使其尽快融入组织。

(3) 职业生涯初期

职业生涯初期是高校图书馆与新馆员相互之间快速增进了解的一个时期。高校图书馆要尽快分配给新馆员富有挑战性的工作,使其充分发挥个人工作能力,以此为基础来考察其实际工作能力,进而明确其今后职业生涯的发展方向。此外,高校图书馆要为新馆员挑选好第一任直系领导,使其能够为新馆员传播正确的组织文化,并可以客观、公正地评价新馆员的工作,帮助新馆员确立在图书馆组织中的地位。

(4) 职业生涯中期

在职业生涯中期,馆员的职业生涯发展方向已经确定,高校图书馆要不断为其提供培训,使其能继续保持工作优势,不断发展进步。高校图书馆也要加强与馆员之间的沟通,结合馆员职业发展的不同需求,为其开辟不同的职业生涯通道。

(5) 职业生涯后期

处于职业生涯后期的多是中老年馆员,他们在高校图书馆中工作多年,积累了丰富的经验,图书馆应为其提供条件,使其成为新馆员的引导者和帮助者。此外,高校图书馆还要关心即将退休的老同志,做好退休人员的心理工作,帮助其接受退休的事实,平稳度过职业生涯的最后阶段。

4. 提供必要的培训

随着社会的快速发展,馆员的知识会逐渐老化,难以适应新的情况和新的问题。此外,随着大数据时代高校图书馆工作范围的扩大和工作责任的加重,馆员需要具有更宽阔的知识面和更丰富的工作经验。所以,大数据时代的高校图书馆要为馆员提供相关的培训,具体可以从以下两个方面入手。

(1) 基本技能培训

基本技能培训主要是从满足大数据时代高校图书馆用户需求为出发点，为工作人员提供有关计算机操作、大数据基础知识、数据库管理、网络环境下的数据收集与处理、数据检索工具生成、大数据信息利用、专业外语等方面的培训。

(2) 解决实际问题的培训

对于希望成长为高校图书馆管理层的馆员，图书馆应为其提供管理方面的培训，使其逐渐提高解决实际问题的能力，包括如何正确处理下属之间的冲突、如何设立有效的激励机制、如何分配高校图书馆中的各项资源等。

(三) 大数据时代高校图书馆馆员职业生涯开发与管理的实施

实施高校图书馆馆员的职业生涯开发与管理工作，可以留住图书馆人才、帮助改善图书馆现有人力资源状况、缓解人力资源危机、使内部人力资源得以正常开发及保证高校图书馆其他资源得到合理运用，这也体现了大数据时代高校图书馆管理理念的进步和创新。

1. 高校图书馆馆员个人职业生涯规划与开发

个人职业生涯开发指个人为获得或改进与工作有关的知识、技能、动机、态度、行为等因素，以提高工作绩效、实现职业生涯目标而做出的各种有计划的、系统性的努力。

个人职业生涯规划则是指个人根据对自身的主观因素和客观环境的分析，确立自己的职业生涯发展目标，选择实现这一目标的职业，并制订相应的工作、培训、教育计划，按照一定的时间安排采取必要的行动，最终实现职业生涯目标的全部过程。

进行高校图书馆馆员个人职业生涯开发与规划工作，是利用科学的测评工具和方法，使馆员对自己从事岗位所需的知识、能力、技能更加明确，从而确立不同阶段的职业目标，依据目标设计职业生涯规划。进行图书馆馆员个人职业生涯开发与规划工作有利于激发馆员工作的积极性与创造性，对整个高校图书馆的运作效能也有积极作用。

个人职业生涯开发的内容主要包括自我要素开发和社会资本开发。

(1) 自我要素开发

自我要素开发具体表现为能力开发、态度开发和职业资本开发。此处主要介绍能力开发与态度开发。

能力开发。需要进行开发的能力包括胜任新工作的能力、向"挑选人"证明具备必要能力的能力和迅速获取新能力的能力。对于高校图书馆馆员而言，除了应具备图书情报、计算机操作、网络信息收集、数字信息加工处理和数据库管理等方面的知识和能力之外，还需要开发解决实际问题的能力和决策能力。

态度开发。高校图书馆馆员的态度不仅体现在对用户的服务态度，还涉及对待自己工作的态度、对待上级领导和同事的态度、对待工作压力和挑战的态度以及应对变革的态度等。馆员用对其职业发展有利的方式来思考，则会拥有良好的态度，从而更积极、主动地对待工作。个人要培养正确的态度，可从以下方面入手：第一，主动选择自己的态度，明确自己希望拥有什么态度；第二，记录自己每天、每个阶段的态度，注意如何从消极态度转变为积极态度；第三，留出一定的时间培养自己的积极态度；第四，适时地进行自我肯定，保持积极态度。

(2) 社会资本开发

社会资本主要包括社会关系中的制度、规范和网络等组织结构，以及公民所拥有的信任、威望、社会声誉等人际关系网络。开发社会资本的方式有很多种,包括对权力关系的把握、人际关系的处理、职业人际关系网络的构建、得体礼仪举止的培养等。

2. 高校图书馆馆员个人职业生涯规划过程

高校图书馆馆员个人职业生涯规划过程主要包括自我认识与评价、职业生涯机会评估、职业生涯目标与路线的设定、职业生涯策略的制定与实施、反馈与修正等环节。

(1) 自我认识与评价

自我认识与评价是指对自己进行全面分析,了解自己的兴趣、爱好、特长、性格、学识、技能、智商、情商以及管理能力等。帮助自我认识与评价的工具包括优/缺点平衡表、好恶调查表、橱窗分析法和计算机测试法等。

进行高校图书馆馆员职业生涯开发工作时,负责人应充分利用这些评价方法和工具,帮助图书馆馆员进行自我评价,使其清晰地认识自己的爱好与能力,为其个人职业生涯规划做好准备。

(2) 职业生涯机会评估

职业生涯机会评估指分析内、外环境对自己职业生涯发展所产生的影响。对于高校图书馆馆员而言,职业生涯机会评估需要分析其所在图书馆的发展战略、水平层次、不同岗位的人力资源需求、人文环境以及所在地区的经济文化环境等。此外,需根据自我认识评估结果,合理设计符合其自身特点的职业生涯目标与路线。

(3) 职业生涯目标与路线的设定

确立职业生涯目标需要以自我分析、环境分析为基础,结合自己的最佳才能、最大兴趣、最有利的环境条件来进行。确立目标者应详细写出目标,规划不同阶段的行动,并制定落实措施。

职业生涯路线是指一个人在选定职业后,实现自己职业目标的大致方向，根据这个大致方向可以对其之后的学习、进修以及培训做出合理安排。

（4）职业生涯策略的制定与实施

职业生涯策略既包括个人参加组织提供的各种培训、教育、轮岗，以及构建人际关系网络等，又包括为平衡职业目标与其他目标而进行的努力。

高校图书馆应帮助馆员制订个人职业生涯规划，了解员工的才能与追求，以创设使员工满意的人文环境。

（5）反馈与修正

随着时间的推移，个人的职业生涯规划需要做出一定的修订，在实施过程中总结经验和教训，及时评估和修正，纠正最终目标和分段目标的偏差，使职业生涯规划更加行之有效。

3. 高校图书馆整体职业生涯开发与管理

整体职业生涯开发指组织为提高员工的职业知识、技能、态度和水平，以提高员工的工作绩效，促进员工职业生涯发展而开展的各种有计划、有系统的教育训练活动。整体职业生涯管理指组织根据自身的发展目标，结合员工的发展需求，开发组织职业需求战略、职业变动规划与职业通道，以实现组织目标与员工职业发展目标相统一的过程。高校图书馆整体职业生涯开发管理的实施具体可从以下两个方面入手。

（1）建立相应的职业信息系统

建立职业信息系统是进行职业生涯管理的基础，这一信息系统可以全面地呈现职位需求和组织内人员供给状况的信息，为平衡需求和供给奠定基础。

完整的组织职业信息系统应该包括：第一，职位分析及各种职位之间的联系；第二，职位变动制度；第三，组织发展战略规划信息系统；

第四，职位空缺信息系统；第五，员工电子档案系统。

大数据时代高校图书馆应从以上几个方面入手，不断构建并完善职业信息系统，有效开展图书馆整体职业生涯管理工作。

（2）建立相应的职业生涯开发系统

职业生涯开发是一个十分复杂的系统工程，主要涉及管理、控制、引导、培养、训练、组合、信息和激励等内容。

对于大数据时代高校图书馆而言，要完成整体职业生涯开发和管理任务，需要从责权划分层次、开发步骤、组织制度保障等方面入手，建立由层次系统、过程系统、保障系统构成的立体的职业生涯开发系统。

4. 开展职业生涯评估

职业生涯评估是落实组织职业生涯规划的重要措施，能够使组织整体的职业生涯管理与根据员工基于自身的潜力、愿望等因素设计的个人职业生涯前景联系起来。

职业生涯评估是高校图书馆整体职业生涯管理中的重要环节之一，可以帮助馆员发现自己的缺点并主动改正，使他们自由地表达自己的愿望、才能和职业生涯发展中遇到的困难，并且能消除误解，为图书馆职业生涯开发与管理工作的有效顺利开展保驾护航。

## 第二节　大数据时代高校图书馆服务与质量管理

**一、大数据时代高校图书馆的开放服务**

（一）高校图书馆门户网站服务

在大数据时代，高校图书馆的网上服务平台是图书馆形象的网络化体现，是高校图书馆为读者提供网络服务和进行网络交流的主要工具。它使高校图书馆读者不受时空的限制，可以直接通过网站了解图书馆，使用图书馆的资源和服务；同时，高校图书馆可以通过自己的网站了解读者的需求和网络学习行为习惯，引导读者充分利用丰富的网上资源，进一步提高服务质量，扩展服务的深度和广度。因此，在大数据时代，高校图书馆网站的建设在图书馆服务工作中具有重要的地位和价值。

1. 高校图书馆门户网站

网站就是在互联网上根据一定的规则，使用 HTML 等语言工具制作的用于展示特定内容的相关网页的集合。网站是信息发布与交流的一种工具。人们可以通过网站发布信息，也可以查阅各种信息。

门户是指建筑的正门、入口，在网络中则是指提供某类综合性信息源并提供有关信息服务的应用系统。

图书馆门户是一个界面友好，方便读者无缝、流畅、一站式访问和使用图书馆所有信息资源和服务的网络集成服务系统。

高校图书馆门户网站是大数据时代高校图书馆为读者提供各类信息资源和服务的系统，是高校图书馆面向线上用户的统一服务入口，是以资源为基础，以服务为出发点的高校图书馆信息门户。它将高校图书馆的数字资源、工具和服务有效地组织、存储、整合起来，提供个性化、科学化的单点获取方式，实现资源和服务的无缝链接。通过高校门户网站，读者可以根据自己的喜好和兴趣方便地存取图书馆的资源，使用图书馆的服务。

通过门户网站，大数据时代的高校图书馆在相当程度上突破了传统高校图书馆时空以及物理条件的制约，也突破了馆藏资源与馆外资源的界限。一方面，高校图书馆从相对单向、传统、封闭的工作环境和工作方式走向开放性、多元化的服务，有效提高了服务能力；另一方面，高校图书馆的馆藏数字资源得到最大限度的利用，实现了高校图书馆的社会价值。

门户技术在高校图书馆建设中的应用日益广泛，目前，门户网站已成为高校图书馆提供服务、实现价值最主要的平台。

2. 高校图书馆门户网站的建设

（1）高校图书馆门户网站的定位

在网络环境下，高校图书馆门户网站是一个数字资源综合服务与管理系统平台。因此，高校图书馆门户网站应实现各种中外文异构数字资源的统一检索，并将这些原本相互孤立的数字资源和实体馆藏整合成相互关联的知识网络，构建一个统一、友好的访问环境，实现高校图书馆各类资源的一站式快速搜索、定位和获取服务。此外，高校图书馆门户网站作为一个与馆外资源交互共享服务的枢纽，通过这个服务站点，高校图书馆既可对外发布各种信息，又可将网上资源统一集成到门户网站的资源搜索与获取共享体系，实现高校图书馆门户网站建设的目标，即为读者提供内容丰富的用户界面。

（2）高校图书馆门户网站的建设内容

高校图书馆门户网站建设的内容应包括网站结构与界面设计、信息资源建设及发布、信息资源统一检索平台、统一身份认证及个性化服务、数字参考咨询平台、网站论坛、Web 站点内部内容管理等。同时，门户网站要实现以下几方面功能。

第一，统一入口服务。通过一次登录、访问一个站点入口，高校图书馆门户网站就可向读者提供各类资源和服务。

第二，统一检索服务。通过一个检索栏，用户就可以检索高校图书馆中所有中文、外文资源。

第三，全文获取服务。通过资源调度系统，高校图书馆可以实现本馆及馆外资源的统一调度使用，有权限的用户可以直接获取阅读，无权限的用户也可以通过云图书馆的传递系统使用文献传递服务。

第四，最新文献服务。通过即时的数据更新，用户可以及时掌握最新的学科发展动向和获取最新文献。

第五，最全文献服务。高校图书馆门户网站向读者全面揭示各种内部和外部资源。

第六，优质个性服务。高校图书馆门户网站为用户提供优质个性化的定制与服务，并将公共检索系统功能全面拓展，实现公共目录检索和图书荐购系统定制功能的集成。

第七，强大管理功能。高校图书馆门户网站为图书馆提供统一的内外资源管理、用户管理、特色资源制作等后台管理方法与工具。

(3) 高校图书馆门户网站服务平台的构建

构建高校图书馆门户网站服务平台，需要集成各种应用子系统，具体如下。

其一，馆藏资源建设及发布子系统。馆藏资源不仅是高校图书馆门户网站服务的基础，也是读者最终所要获取的资源。各高校图书馆可根据自身所服务的对象特征，以本馆的馆藏特色为主，以方便不同读者的使用需求为目标，进行系统的数据库建设，并通过 Web 发布系统将本馆和共享资源以数据库列表或资源导航的方式发布到门户网站上。

其二，馆藏资源的统一检索子系统。现在一些高校图书馆都有多个相互独立的信息资源系统，这些系统可能分布在不同的服务器上，运行在不同的系统环境中，用户想要获取相关信息，需要分别进入各资源信息系统进行逐个检索，这对用户来说十分不方便。因此，高校图书馆门户网站需要为读者提供一个可一次性检索并获取各数据源中所有相关信息的统一检索平台。现在，很多高校图书馆门户网站广泛采用了基于元数据整合的信息资源统一检索系统，为用户提供同时在所有资源中进行一站式检索的服务，避免了用户逐个登录多个系统的麻烦。

其三，统一的身份认证及用户管理子系统。为保护高校图书馆中馆藏资源的知识产权，通过系统认证的用户才能成为其合法用户。所以，高校图书馆应建立用户管理系统，构建知识产权保护体系。

当前，大多数高校图书馆是通过 IP 验证加防火墙隔离的方式来进行用户管理的。这种模式方便、简单，系统运行效率高，能有效解决商用数字资源的知识产权保护问题，但不利于高校图书馆合法用户在馆外利用这些信息资源。

目前，高校图书馆门户网站的用户认证系统普遍采用了用户远程访问认证系统（VPN）加访问授权方式来控制使用安全，从而使得合法用户在馆内和馆外都能有效利用数字图书馆的资源。用户在统一身份认证系统中注册账号后，登录这个账号就可以享受门户网站上的所有服务。

其四，数字参考咨询子系统。这是高校图书馆门户网站为读者提供的一种交互式咨询平台。读者可以在线上与图书馆馆员进行交互式对话，获得所需要的帮助。

其五，网站论坛子系统。作为高校门户网站的一个重要组成部分，网站论坛为用户提供了一个交流的平台。用户可以通过论坛交流心得体会，发表意见和建议；图书馆可以通过论坛开设相关专题讨论组，以获取用户对高校图书馆服务或资源使用情况的反馈。

3. 高校图书馆门户网站的服务功能

高校图书馆门户网站的服务功能集中体现在以下四个方面。

（1）资源服务

高校图书馆门户网站中的信息资源包括各种纸质资源和数字资源的

书目信息、图书馆收集和整理的符合本馆读者需求的网络信息资源等。高校图书馆门户网站以导航等形式对信息资源予以提示，通过建立站内搜索引擎，以符合用户使用习惯的分类体系为用户提供分类浏览、检索等功能，并通过资源调度系统为用户提供查找和获取信息资源的便捷途径。

（2）宣传服务

传统图书馆常采用海报、板报、宣传单等平面二维的宣传媒体，而网络宣传是多维的，网络宣传能将文字、图像和声音有机地组合在一起，传递多感官的信息，通过图、文、声、像相结合的宣传形式，增强宣传的实效。高校图书馆利用网络平台开展宣传教育，既可以利用网络技术宣传资源和服务，增强用户的网络意识，提高其网络检索能力，又可以充分发挥网络传播及时、受众面广的优势，扩大高校图书馆的社会影响力。

（3）交流咨询服务

高校图书馆门户网站能够为图书馆与读者之间的交流咨询建立起网络服务平台。高校图书馆可以通过调查引擎、电子邮件、BBS、留言本和虚拟参考咨询系统等模块进行消息发布、用户调查、答复用户意见、解答咨询、提供联系方式等服务，与用户进行双向交流，建立良好的互动关系，准确了解用户的需求，解决用户的问题，提高服务的质量。而用户则通过网站提交申请、反馈意见、咨询问题、定制个性化服务。

（4）信息导航服务

网络信息浩如烟海且良莠不齐，信息需求者要从网上查询到所需信息，既费时费力，又难以查全查准。所以，大数据时代高校图书馆十分有必要按照用户的使用习惯和需求，将各种载体、各种类型的信息资源进行合理收集与科学组织，并通过一定的服务方式，提供有效的网上资源导航服务。高校图书馆的信息导航服务包含以下几种形式。

第一，搜索引擎导航。通过各种搜索引擎，高校图书馆门户网站可以帮助用户快速进入不同的引擎链接，通过这些搜索引擎获得所需的信息。

第二，学科资源导航。这类导航系统可以对纷繁的数字信息资源进行收集、加工和整理，形成各学科的网上虚拟资源导航库。

第三，链接导航服务。高校图书馆通过收集读者经常使用的网站链接地址，建立相应的链接导航服务，帮助用户直接链接到所需网站，并通过这些网站获得所需信息。

（二）高校移动图书馆服务

进入 21 世纪，无线通信技术与互联网等多媒体通信技术有机结合，产生了新一代移动通信系统。以美国苹果公司 iPhone、iPad 为代表的智能移动终端设备开始广泛应用，移动终端是最方便、最大众化的通信工具，具有使用便捷、不受时空限制等特点，特别是基于移动互联网的移动终端服务，不仅可以通话、下载短信，还可以上网、阅读新闻、收发电子邮件等，为基于移动终端设备的移动图书馆应用奠定了良好的技术基础，也为现代高校图书馆开辟新的服务领域提供了契机。

1. 高校移动图书馆

高校移动图书馆服务就是基于通信网络平台，通过移动终端实现高校图书馆信息双向传播的服务，是通过手机、iPad、Kindle 等移动终端设备（手持设备）访问高校图书馆资源，进行阅读和自助业务应用的一种服务方式。高校移动图书馆的信息内容可以是简单的文本信息，如手机短信息，也可以是复杂的图片、音频、视频信息，如电子书、彩信、音乐、移动电视等。

高校移动图书馆的基本构架包括移动终端、移动接入互联网和数字图书馆系统三部分。它通过在高校图书馆部署的移动代理服务器接入图书馆集成管理系统，并充分发挥移动通信服务的优势，将移动互联网和数字图书馆系统结合起来，使高校图书馆的管理和服务延伸到移动终端客户。

高校移动图书馆的使用终端小巧玲珑、可移动性好，读者可以用移动终端主动点播和定制自己所需的各种信息，可以将信息随时、随身携带到自己活动的每一个地方自由阅读，享受实时性和个性化的信息服务，使图书馆的服务由被动转向主动，实现真正意义上的不受时间和空间限制的全天候、个性化服务。这是高校图书馆与读者互动的一种新途径，是现代高校图书馆扩大服务外延的新尝试。

2. 高校移动图书馆的建设

高校移动图书馆的建设是根据移动应用环境和用户需求的特点，使图书馆的管理和服务延伸到移动终端客户，依据移动终端的移动性、定位性、联动性、确定性、交互性等特性，并结合现代高校图书馆服务的特点，发挥图书馆资源和服务的优势，开创性地探索出一系列以往无法实现的高校图书馆信息服务新功能。

（1）设计理念

高校移动图书馆的设计以移动无线通信网络为支撑，以图书馆集成管理系统平台和基于元数据的信息资源整合为基础，以适应移动终端的一站式信息搜索应用为核心，以云共享服务为保障，通过手机、iPad、Kindle、PSP等手持移动终端设备，为高校图书馆用户提供搜索和阅读数字信息资源、自助查询和借阅馆藏文献等服务，为读者在任何时间、任何地点获取所需要的任何信息而构建现代高校图书馆移动信息服务平台。

(2) 设计原则

以需求确立定位。读者运用移动终端主要是进行检索和阅读，其中检索是获取信息的基础，阅读特别是碎片化阅读是移动终端使用的主要形态。因此，高校移动图书馆在设计时应特别重视平台的搜索功能，可以将在互联网上广泛应用的基于元数据整合的一站式搜索引擎移植到高校移动图书馆平台，并紧紧围绕为读者检索、阅读所有文献的章节和主题片段提供支持，以满足读者进行学术阅读的需要。

以技术支持选择。移动终端的形式多种多样，在设计高校移动图书馆时应充分考虑应用终端的兼容性，让读者能够根据自己使用的普通手机、触摸屏手机、智能手机、iPhone、iPad等各类移动终端自由选择适合自己的应用环境。

以共享增强保障。图书馆与读者共同的出发点和归宿是找到并获取全部有用信息。高校图书馆可以把在互联网上已经高效运行的云服务架构共享体系嵌入移动图书馆平台，这样读者不但可以查找和访问本馆馆藏文献和数字资源，还可以一站式查找全国范围的资源分布情况，并使用高校图书馆强大的云服务能力获取馆外其他图书馆的文献资源传递服务。

以空间满足个性。为了满足读者的个性化需求，高校移动图书馆应设计让每一位读者都可以进行个性化定制的个人中心界面。在这里，读者可以自主完成馆藏查询、续借、预约、借阅证挂失等自助服务；可以选择获得借书到期提醒、图书馆新闻和通告、专题新书通报、热门书推荐等短信提醒和信息推送服务；可以重新设置移动终端，修改基本信息，建立个人收藏，了解自己的检索历史、浏览历史、收藏历史等。

3. 高校移动图书馆的服务模式

高校移动图书馆目前提供的服务主要有基于短信的服务、基于WAP的服务和基于客户端应用程序的服务三种形式。

（1）基于短信的服务

基于短信的服务是指高校图书馆利用现代移动通信技术手段，通过定向或群发的方式，主动向读者及时发送图书馆文本信息的服务。在高校移动图书馆发展的初始阶段，受通信网络数据传输速度慢、手机功能弱等因素的影响，主要以基于短信的服务为主。

基于短信的服务是在高校图书馆原有的集成管理系统之上进行定制开发的，所需技术平台结构和功能相对较为简单，与高校图书馆的集成管理系统和数字资源平台交互联系较少，运行成本低廉，维护管理比较容易。由于短信通知、提醒、查询比较方便，而且技术也比较成熟，因而得到较广泛的应用，国内外已建立投入运行的高校移动图书馆均具有这类服务功能。

（2）基于WAP的服务

现在，移动数据传输速度越来越快，通信资费也随之不断下调，基于WAP网站技术的高校移动图书馆网站开始出现。读者通过具有上网功能的终端，可以脱离计算机随时随地访问高校移动图书馆网站，在第一时间了解新到馆的书刊和数字资源，自助办理续借、预约、借阅证挂失等手续，还可以在线咨询、在线阅读。同时，高校图书馆也可以利用这个平台及时、个性化地推荐和宣传图书馆资源和服务，开展信息发布、定题推送、超期提醒、参考咨询和读者意见调查工作，实现读者自助与图书馆自动化和数字化系统的交互操作。

（3）基于客户端应用程序的服务

进入5G时代，随着移动通信技术日趋成熟和无线通信速率、带宽的不断增大，移动终端的信息处理能力和存储容量越来越大，操作越来越便利，移动阅读的报纸、杂志、图书、图像及电视等应用都有了有效的解决方案。高校移动图书馆系统所提供的信息资源从简单的文字短信到图文并茂的信息，再到图像、声音俱全的多媒体资源，高校移动图书馆的功能也由书目级信息服务向直接获取数字原文信息的原文阅读发展，向网页浏览、数字文献下载、视频参考咨询等服务发展。

## 二、大数据时代高校图书馆全面质量管理体系的构建

高校图书馆应建立一个全面质量管理体系，通过制定质量方针和质量目标，明确职能，确定权限，互相沟通了解，消除或减少由职能不清导致的障碍，系统地考虑资源的投入，减少浪费。

### （一）高校图书馆全面质量管理体系构建的方法

#### 1. 业务流程管理

业务流程管理是指通过对业务流程的分析研究，明确所需完成的任务和在执行任务过程中存在的问题与障碍，通过用户和工作人员通力合作，使供需双方顺利对接。

#### 2. 定标赶超

定标赶超是指预先确定一个参照目标，然后把现存的系统同该目标进行对比，找出差距，从而不断加以改进、提高。

#### 3. 再设计

再设计是指不断对流程进行改进，而且在整体高度上对整个流程进行重建。

#### 4. PDCA 循环

PDCA 循环就是"计划—执行—检查—处理"工作循环，四个阶段

周而复始地运转。其中,"计划"就是制定质量目标、活动计划、管理目标和实施方案;"执行"就是按预定计划要求扎扎实实地去做,以贯彻实现计划、目标;"检查"就是对照执行结果和预定目标检查计划;"处理"实际上就是工作总结阶段。

5. 成立质量控制小组

在具体的实施过程中通常需要成立一个质量控制小组,由高校图书馆内相关部门的人员参加,同时可聘请用户担任协调员。

6. 评价高校图书馆服务质量

在对高校图书馆服务质量进行管理时,常采用 SERVQUAL 这一方法。这一方法是 1990 年美国服务市场营销学家提出的。美国图书馆学家对此很感兴趣,并根据这一方法设计了五个层面,作为用户评价、衡量图书馆服务质量的客观标准。这五个层面分别是有形设施、可靠性、服务效率、保障及情感移入。

(二)高校图书馆全面质量管理体系构建的原则

1. 充分发挥领导作用原则

高校图书馆领导者对质量管理体系的形成具有决定性作用。这就要求馆长要做好图书馆的发展战略和行为价值观的确定工作,而其他管理者要做好管理制度的执行工作。这些工作具体包括以下几方面:

第一,制定图书馆的发展规划、方针和目标;

第二,创建共同的质量观,形成和保持组织文化;

第三,规定图书馆的组织结构,包括各岗位馆员的职责、权限;

第四,创建和谐的工作环境,加强馆员间的信任、沟通与竞争。

2. 以读者为中心原则

图书馆主要是为读者提供服务,而图书馆实行全面管理的目的就是更好地为读者提供优质服务，所以高校图书馆质量管理体系应以读者为中心。为贯彻落实这一原则，高校图书馆应在提供服务时重点关注以下几个问题：

其一，全面了解读者的现实需求和合理期望；

其二，及时就读者的需求和期望进行交流；

其三，使图书馆质量管理方针、目标体现读者的需求和期望；

其四，按期调查和评估读者对图书馆的满意程度，并据此采取相应的改进措施；

其五，兼顾读者与其他相关方面的利益；

其六，与读者建立良好的沟通渠道。

3. 馆员全面参与原则

馆员作为图书馆全面质量管理体系建设的执行者，必须积极、充分参与，这样才能促进图书馆的进步和发展。馆员全面参与原则包含以下几项内容：

第一，激发馆员的工作精神、积极性和创造性；

第二，明确馆员的工作任务；

第三，明确质量管理的具体要求；

第四，丰富馆员的知识和经验，提高馆员的能力；

第五，使馆员获得工作成就感和自豪感。

4. 持续改进原则

持续改进是高校图书馆不断提高服务质量的重要途径，具体包含以下两方面：

第一，制定指导性的、可实现的持续改进目标；

第二，采取有效的改进方法，如过程监测、体系审核、数据分析、纠正措施和预防措施。

(三) 高校图书馆全面质量管理体系构建的步骤

1. 统一思想

领导统一思想是建立全面质量管理体系的基础。高校图书馆的领导首先要统一思想，让馆员明确实行全面质量管理的必要性和可行性，尤其是最高管理者必须认清全面质量管理的作用和目的。具体方法是收集有关全面质量管理的信息，包括组织访问考察已成功实施全面质量管理的图书馆，获得关于全面质量管理的第一手资料；聘请全面质量管理专家和顾问到图书馆开办讲座，参加有关全面质量管理的会议、研讨会和培训班等。这些方法使图书馆所有人员对全面质量管理有了充分了解，明确高校图书馆实施全面质量管理的意义及其在改进高校图书馆工作质量和服务质量中的作用。

2. 组织保证

领导是有效实施全面质量管理的关键，所以在建设高校图书馆全面质量管理体系时，应成立由馆长为组长、业务副馆长为副组长、各中层负责人参加的领导小组，具体负责管理体系建立的组织实施工作。

3. 馆员培训

馆员培训的目的，主要是让馆员明确高校图书馆实施全面质量管理的意义及其在改进高校图书馆工作质量和服务质量中的作用，同时要使其掌握实施全面质量管理的技术和方法。培训可以通过多种途径展开，如全体员工大会、板报、快报、培训班、组织参观等。

4. 全面质量管理体系的策划

全面质量管理体系的策划首先要制定明确的目标，即实施全面质量管理后要实现的长期目标和近期目标。制定目标要围绕上级主管部门制定的若干年内图书馆发展总体规划，根据上级的规划和要求，确立合乎实际需要的质量管理计划，再结合本馆的实际情况和上级的要求确定图书馆的基本任务、近期目标以及相应的战略步骤。

5. 机构绩效评估

机构绩效评估是指通过用户满意度调查或特定测度指标来反映用户对高校图书馆提供服务的满意程度，这是图书馆进行持续改进的基础。只有把当前绩效同用户期望进行比较，从中找出差距，查出质量管理上存在的纰漏，才能瞄准改进的方向，设计出新的管理体系，提供更高质量的服务，达到满足用户需要的目标。

6. 全面质量管理体系结构的设计

全面质量管理体系的结构一般是根据"策划—实施—评价"的步骤进行设计，并根据各馆的实际情况和理解，在各个阶段的设计中加入不同的内容，根据体系结构绘制出高校图书馆管理体系的模型。

7. 组织与实施

在质量管理体系策划和体系结构设计的基础上，高校图书馆应具体落实组织机构、职责权限和具体分工，明确各个部门的职能。在这一步骤中，职能分配表具有十分重要的作用，它为体系的运行提供了组织保证。

8. 编制文件

图书馆在实施全面质量管理的同时，还要进行文字记载，以便保持行动的连续性和管理前后效果的比较。需要记载的内容包括实施全面质量管理的方针政策、保证体系正常运转的规章制度，以及平时会议、讨论和工作的记录等。

9. 图书馆效率的测量与审计

这一步骤主要是了解在质量管理工作开展后，图书馆效率提高的情况和在实现使读者满意的目标方面达到了何种程度。因此，除了对读者进行必要的调查，以了解读者的需求和对高校图书馆的满意程度外，还必须运用图书馆统计学知识,从质和量方面对所做工作做出评估。具体可统计高校图书馆机读数据库被检索的次数、采购部门所采购的各专业图书数量、各专业图书的实际使用量等。将全面质量管理开展前后的统计数据进行对比,从而测量出质量管理工作开展后图书馆工作效率的提高状况。

审计是图书馆效率测量的另一个特殊形式,具体是指采用一些专业化的标准对图书馆的工作进行评估并得出结论。高校图书馆的审计工作通常可由馆内外各方面专家和读者组成的审计小组来进行。[①]

## 第三节 大数据时代高校图书馆知识信息管理

**一、大数据时代知识管理与高校数字图书馆资源建设的优化**

(一) 高校数字图书馆资源建设现状分析

数字图书馆是采用现代高新技术所支持的数字信息资源系统,总体目标是在宽带 IP 网上形成超大规模的、高质量的中文资源库群。

值得注意的是,我国高校数字图书馆的信息资源现在还远远不够充足,很多信息难以进行及时加工、整理和归类,为读者所利用;同时,各信息资源单位贪大求全,信息资源大量重复,各类特色数据库有待开发。因此,高校图书馆必须抓住机遇,运用知识管理的理念指导信息资源的建设。

---

① 张理华:《大数据时代高校图书馆信息服务创新研究》,北京:北京理工大学出版社 2019 年版。

## (二) 知识管理在高校数字图书馆资源开发中的运用

**1. 知识创新和知识重组——改变传统的藏书建设理念**

传统高校图书馆的藏书建设侧重于显性知识的管理,而忽视隐性知识的管理。隐性知识存在于人们的脑海里,是工作中所取得的经验性知识。知识重组,就是有效地组织隐性知识,对其进行集合组织,以实现知识的转换和创新,最后才能实现知识的共享和交流。

高校图书馆知识管理的重点是对显性知识的有效开发、研究和应用。从事知识创新是高校图书馆馆员在大数据时代的重要使命。高校图书馆馆员要利用知识的原材料,通过科学研究把握知识之间的相互关系,以生产、创造新的知识。

**2. 知识仓库——高校数字图书馆资源建设的核心内容**

在数字化领域,高校图书馆利用现代化技术将更多的特色资源和常用资源数字化,最终形成知识仓库。知识仓库不仅仅存储着知识的条目,而且存储着与之相关的信息,其生命力在于不断地更新,提供全面、广泛和准确的信息源。

**3. 知识管理在人才培养上的开发与利用**

知识管理理论的一个重要思想,就是强调人在知识管理过程中的核心作用。高校数字图书馆有必要设置新的职务来开展知识管理工作。其中,引入知识主管(CKO)体制是一种行之有效的做法。

设立知识主管的目的就是要支配和管理不断发展的知识信息中心和各项知识活动。数字图书馆知识主管一般由高校图书馆馆长担任,主要承担以下职责:

其一,主持各种学术交流与知识服务活动;

其二,树立高校数字图书馆知识中心的地位和形象;

其三，加强知识集成与知识创新，促进知识共享；

其四，保证高校数字图书馆知识产品技术服务设施的正常运行；

其五，监督保证知识产品的内容质量；

其六，建立和造就促进知识生产的技术环境体系；

其七，决定高校数字图书馆知识管理的政策及发展战略；

其八，了解高校图书馆自身所处环境和社会知识需求情况。

高校图书馆馆员应具备较高的信息素养和知识素养，能够通过编制知识地图、用户培训等方式，帮助用户识别、找到其所需的知识。因此，高校图书馆要积极引进某些特殊专业的人才。

（三）知识管理工具与高校数字图书馆信息资源建设的优化

1. 元数据的开发应用与高校数字图书馆信息资源建设的优化

元数据概念最早起源于计算机科学，是为解决提高网络信息资源有序组织和整理的效率与程度之间的矛盾而产生的，主要可以分为以下两类：

（1）用户元数据。它帮助用户查询信息、理解信息，了解数据仓库中的数据和知识。

（2）管理元数据。它是对元数据及其内容、数据仓库主题及各种操作信息的转换。

元数据的主要功能将侧重于信息资源的著录或描述，在国外已得到了较深入的研究和实验，并取得了可喜的进展。同时，元数据又是XML语言设计的组成部分，能为电子出版和高校数字图书馆资源的优化配置和知识管理做出重要贡献。

2. 智能 Agent 技术与高校数字图书馆信息资源建设的优化

智能 Agent 技术能够通过代理通信协议进行信息交换，以实现问题的自动解决。智能 Agent 技术最基本的特性之一，就是具有解决问题所需的丰富知识、策略和相关数据，并具有交互性与协作性、代理性与主动性的特点。

智能 Agent 技术为高校图书馆专业馆员提供了强大的信息搜寻、筛选、鉴别和过滤处理工具。目前，很多搜索引擎均在一定程度上运用了智能 Agent 技术。

3. 其他知识管理工具与高校数字图书馆信息资源建设的优化

（1）数据采掘技术

数据采掘技术是一种正在兴起的开发信息资源的数据处理新技术，又被称为数据挖掘技术，这种技术能够从大量模糊的、不完全的、随机的原始数据中识别和提取先前未知的新颖信息和知识。

（2）个人知识管理软件工具

个人知识管理软件工具可以用来进行个人信息的存储和分析，更好地发挥高校图书馆等各种信息机构的效用，找到各方面利益的平衡点，充分而有效地发挥知识作为第一生产力的作用。

## 二、大数据时代高校图书馆的信息整合

在大数据时代高校图书馆中，最重要的资源就是信息资源，而大数据时代高校图书馆的首要工作就是为读者整理、提供有用的信息资源，方便其进行阅读与查找。信息资源是大数据时代高校图书馆赖以生存的基础，大数据技术的发展也为图书馆的信息整合带来了新的技术手段。因此，面向大数据，高校图书馆提高读者服务水平最主要的方法就是提升自己的信息整合能力，而这也正是大数据时代高校图书馆建设的重要方面和基础工作。

（一）大数据时代高校图书馆的信息资源整合

随着社会的发展，大数据时代的高校图书馆也处于迅猛发展之中。

而作为大数据时代高校图书馆文献信息的主要来源及表现形式的信息资源，则成为其发展的第一要素。现代化科技的发展要求大数据时代高校图书馆与时俱进，研究和采用现代技术，提高对信息资源的存取和利用能力。在这样的情况下，开发和整合信息资源对高校图书馆扩展馆藏和延伸服务具有开拓意义。

1. 信息资源的含义及特点

对于大数据时代高校图书馆而言，信息资源包括图书馆可供利用的所有信息，主要包括两类：

第一，网络信息资源。网络信息资源是指存在于现代计算机网络系统之中，并以联机方式向用户提供服务的信息资源，包括静态的文献数字化信息和动态的社会信息。

第二，文献信息资源。文献信息资源是指图书馆收藏的为用户提供信息需求服务的各类信息资源，包括印刷型与电子型信息资源。

近年来，随着新环境下图书馆信息资源理论的发展，高校图书馆馆藏也出现了分类：

其一，虚拟馆藏。虚拟馆藏广义上等同于网络信息资源，狭义上则指各图书馆根据本馆的类型、任务、性质、特点等经过认真筛选与组织的网络信息资源。

其二，现实馆藏。现实馆藏是指本馆的文献资源，等同于上述的馆藏文献信息资源。概括来说，图书馆的信息资源具有以下四个特征：信息的使用率高；信息的库存量大；信息的流动速度快；信息的附加值多。

信息库和信息网络的建设是满足以上四个条件的必备要素。因此，信息资源的整合、信息库和信息网络的建设就成为大数据时代图书馆建设的首要任务。

2. 信息资源整合的必要性

信息资源整合是避免重复建设、保证资源配置最优化、实现经济效益最大化的有效途径。随着信息资源的剧增,高校图书馆用户对信息资源的利用提出了更新的、更高的要求,却面临着各类信息资源之间相互不关联、内容交叉、平台各异、用法不一致等问题,从而感到无所适从。

因此,高校图书馆应发挥其对信息资源筛选、加工、分析、研究的专业优势,实现从信息服务到知识服务的转变。通过信息整合,将自身信息资源库变成知识库,以此提升大数据时代高校图书馆的社会地位,也为自身建设提供更大的发展空间。

3. 网络信息资源整合

如前所述,大数据时代高校图书馆的信息资源包含文献信息资源及网络信息资源。文献信息资源的整合与传统图书馆的整合方式相类似,而大数据时代新生的网络信息资源,正逐步成为大数据时代图书馆的主要信息来源,对网络信息资源的整合是大数据时代高校图书馆信息资源整合的重点。

(1) 网络信息资源的内涵

网络信息资源既可按线性顺序查阅,又可跳跃式浏览。而且,网络信息资源由超文本信息与超媒体信息构成,这些信息按非线性文本组织模式,通过链接体现各节点之间的概念逻辑关系,将信息单元储存于节点,从而形成网状结构。可见,网络信息资源的内容和形式都十分丰富,是集图像、文字、视频、声音于一体的多媒体信息资源。

(2) 网络信息资源的特点

无序性。传统的文献信息资源自成体系,呈线性状态。网络信息以超文本方式构成立体网状的联系,呈分散无序状态,质量参差不齐,缺乏统一的控制,可以根据节点任意跳动。

开放性。传统的文献信息资源处于相对封闭的状态。网络信息是开放、相关联的,用户可以通过链接任意检索信息。

多样性。传统的文献信息资源类型单一,只有一般的纸质出版物。网络信息资源既包括网上出版物、书目数据库、联机数据库软件资源,又包括动态信息及其他信息等,具有图文并茂等多样化的表现形式。

动态性。相对于传统的文献信息资源的静态特点,网络信息资源传输速度高、跨地区分布、变化快、更新淘汰周期短,呈高度动态性,因而呈现很强的时效性,读者和编者可不受时间和地域的限制进行交流。

用户广。传统文献信息资源的用户对象比较局限,一般是本地区、本单位、本系统的读者。网络信息资源的用户相当广泛,受教育程度的差别也极大,不同用户利用网络信息资源的目的和类型也有很大的差异。

容量大。与传统文献载体相比,网络信息资源载体的基本物理单元是计算机,信息资源存取方便、存储量大、记录和输出的格式容易转换,能够最大限度地报道信息内容。

互动强。网络信息资源具有强大的互动功能,可以形成广泛的论坛氛围。相比较而言,传统的文献信息资源则不具有这个优势。

由此可见,网络信息资源较传统的文献信息资源具有更大的灵活性和广泛性,它赋予了用户强大的信息检索和获取能力。但在实际生活中,由于网络信息比较庞杂、良莠不齐,也为人们的检索带来了一定的难度。要想实现信息资源效用的最大化,高校图书馆就必须对网络信息资源进行积极有效的整合。[①]

(3)大数据时代高校图书馆网络信息资源的整合

高校图书馆想要实现理想的网络信息资源整合,可进行以下步骤。

首先,网络信息资源的采集。图书馆对网络信息资源的采集,指在

---

① 梁宇清:《大数据时代的图书馆管理》,北京:中国原子能出版社2018年版。

庞大的互联网信息群中根据某一学科或某一领域的要求，搜集相关信息，然后将这些信息加以组织，供用户浏览或查询，通常采取以下两种方式。

第一，人工采集。人工采集的主要方式包括与他人交流，查阅书目、报刊等相关工具，浏览互联网。其缺点在于效率低，难以采集到相关的 URL。其优点在于链接站点由人工筛选，相关度较高。

第二，自动化采集。自动化采集主要通过搜索引擎完成。搜索引擎能够将互联网的网站或网页进行收集、组织、整理，快速查找到相关信息，再通过互联网，以超文本的形式向用户发布信息检索结果。自动化采集查准率不高，用户难以找到实际有用的相关文献。但是，自动化采集的优点是数据的产生简单、方便，能快速找到大量信息。

其次，网络信息资源整合。在进行具体的网络信息资源整合时，高校图书馆可以采用以下几种方法。

第一，软件法。即将某学科或某领域所有已获得的网络信息资源以固定的记录格式存储，并提供若干检索入口供用户查找信息线索或资料。

第二，分类法。首先将网络信息资源分门别类地逐层加以组织，再由用户逐层加以筛选，找到所需信息线索后即可查找到相应的网络信息资源。

第三，专题法。即提供检索窗口，进行多元检索，用户只要在窗口输入关键词，即可找到所需信息线索。

最后，网络信息资源的系统管理。网络信息资源的动态性使其能够被改装、拷贝并用新的方式重新组合，进而被分享、重复使用和分析。但是，若没有科学合理的管理作为支撑，部门之间、地方之间相互分割、自成体系，不可避免地会出现比较严重的重复、分散、浪费和效率低下的现象，与网络信息资源共享的要求相悖。换句话说，各个信息资源机构之间的相互不协调是制约我国网络信息资源整合工作进步的瓶颈。因此，在网络信息资源的整合工作中，一个最行之有效的方法就是确立系统资源共享的管理方法。

4. 系统信息资源共享

信息资源共享是指图书馆在自愿、平等、互惠的基础上，利用各种技术、方法和途径，最大限度地满足用户信息资源需求的全部活动。系统资源共享的管理目的在于从总体上提高各馆系统的维护、运行和更新效率，从而有利于网络信息资源的整合。系统资源共享的管理方法大致可分为以下两种。

第一，以中心馆为主、成员馆为辅的集中管理模式。这种管理方式维护方便，投入少，能够最大限度地发挥系统资源共享的优势，适用于中心馆数据量和用户量都不大的情况。

第二，松散性合作管理模式。松散管理较为灵活，对软硬件、网络响应速度、带宽要求较高，适用于数据量和用户量较大且各馆之间差距不大的情况。

在实际工作中，以上两种方法可以同时使用，各有侧重。

随着大数据时代的发展，资源共享的整合模式将成为高校图书馆内部业务机构设置的主流，每一个部门（分馆）都承担采、藏、借、阅、参等业务，集藏、借、阅、参等多种服务于一身。这种优势互补、团结协作的整合模式能够充分发挥各自的优势，因此也将成为大数据时代高校图书馆资源建设的有益参考。

（二）大数据时代高校图书馆的数字资源整合

大数据时代高校图书馆数字资源基本上由传统的印刷型文献、磁性介质的正式与非正式出版物、Internet 上的虚拟信息资源也即网络信息资源组成。其中，网络信息资源具有虚拟的性质，没有具体的载体形态，须经过加工、组织和转换才能进入大数据时代的高校图书馆，是大数据时代高校图书馆最具潜力的信息资源，也是大数据时代高校图书馆进行数字资源整合的必需工作之一。

1. 数字信息资源的特点

概括来说，数字信息资源的特点体现在以下几个方面。

第一，数字信息资源的内容囊括一次文献到三次文献的多种类型。

第二，高校图书馆的数字资源包含的信息种类多种多样。

第三，数字信息资源不受时间、空间限制，具有通用性、开放性的优势，赋予用户强大的信息检索和获取能力。

对于大多数大数据时代高校图书馆而言，信息资源的收录地都是数据库。大数据时代高校图书馆的大多数数据库都是本着全面、翔实的原则进行资源收录的，这一收录原则导致大量使用价值不高的信息进入信息资源系统，造成数字资源内容交叉重复，冗余信息较多，知识关联程度较低，从而影响资源信息的选择，干扰用户对信息的获取。

2. 数字信息资源整合的原则

大数据时代高校图书馆数字资源整合必须遵循以下原则。

（1）科学性原则

科学性原则是指对数字资源的整合切忌随意凑合、盲目拼合，而应对其内容、对象、方式进行科学论证。

（2）连续性原则

连续性原则是指数字资源整合工作必须具有发展性和不间断性，这样才能使数字资源具有更强的生命力。

（3）整体性原则

整体性原则是指要保持数字资源对象学科的完整性，整合后的资源系统应反映数据对象间的内在关系，涵盖各子系统的内部功能。

（4）优化性原则

优化性原则是指运用一定的技术手段和方法，取得最好的组织结构和组织功能，使数字资源得到合理组合，从而达到资源的优化配置。

（5）层次性原则

层次性原则是指数字资源整合的结构应具有多维性。数字资源本身和读者的需求拥有不同的特性，因此高校图书馆在进行数字资源整合时也应按照多元化特点，按多种层次、多种类型、多种方式进行多维整合。

（6）针对性原则

针对性原则是指数字资源整合要有明确的目的，从而满足特定读者的特定需求，使读者在使用时方便快捷。

（三）大数据时代高校图书馆面向未来的信息导航

随着时代的发展、环境的变化，读者能够更加方便快捷地获取信息，高校图书馆的信息导航功能在大数据时代也得到了强化。作为图书馆的传统优势，信息导航功能在大数据时代也继续发挥着自己强大的功用。

在信息数字化的今天，随着网络信息系统的发展、学术信息交流体系的重组、信息检索和传递的非中介化，用户获得信息的主要障碍已从时空距离转变到信息筛选上，用户需求的转变决定了图书情报机构的服务功能必须向信息服务转变。因此，发展信息导航服务成为大数据时代高校图书馆提升信息服务水平的根本出路。

1. 信息导航实现的途径

（1）调整服务内容与方式

从大数据时代高校图书馆自身的功能建设可以看出，不断调整对读者的服务内容和方式是图书馆实现信息导航功能的有效途径。这是因为，高校图书馆的服务领域已由文献复制、借阅、代译、检索、文字报道、查新咨询、信息研究、声像制作、专刊检索等传统的信息服务，拓展到数据库服务、计算机网络、技术中介、研究现状调研、科研成果创新性评估、学科信息代理等新型的信息服务，其服务功能朝着信息深加工的方向发展。所以，大数据时代的高校图书馆充当了读者信息导航员的角色，通过合理引导，可以帮助读者建设自身的信息导航系统。

（2）提高读者的信息意识

提高读者的信息意识是实现高校图书馆信息导航功能的必要途径。高校图书馆在利用有限的资源为读者提供信息服务的同时，应该使读者通过各种途径获得信息，从而满足其需求。高校图书馆应在鼓励读者从大量的文献中获取自己所需知识的同时，使读者与馆员拥有共同的学习愿望，形成良好的文化氛围。高校图书馆可以通过开展各类知识培训、技能培训，帮助读者在掌握知识的同时掌握寻求知识的技能，这也会在一定程度上加强信息时代图书馆的导航功用。

（3）用相关理论指导服务

理论指导服务是实现图书馆信息导航功能的可靠途径。随着信息技术的发展，高校图书馆馆员的工作渐渐由台前转为幕后，对读者的接触和研究也随之减少，这种改变对馆员在把握读者需求方面产生了一定阻碍。未来的高校图书馆在充当读者的信息导航员与提供者的角色方面将会更加突出，因此，高校图书馆应更加重视对读者的接触和研究，以此作为实现图书馆信息导航功能的可靠途径。

2. 信息导航系统

大数据时代高校图书馆信息导航系统的内容具有很强的专业性和学术性。信息导航系统的对象也多为本学科的教师和学生，因此其对象指向性更加明确。具体而言，大数据时代高校图书馆的信息导航包含如下内容。

（1）导航系统的信息服务功能

信息导航系统的主要功能体现在以下几个方面。

首先，信息导航系统能够充分利用人类共同创造的文明成果，促进图书馆文献资源共享事业的发展。此外，通过了解读者需求，大数据时代的高校图书馆也可以进一步提升其信息导航及检索功能。

其次，信息导航系统能够最大限度地发挥虚拟馆藏为本馆提供网络信息服务的功能，从而弥补现有馆藏资源的不足。

最后，网页能够节省网络用户查找信息的时间和费用，方便用户快速准确定位，获取所需的网络信息资源。

（2）导航系统的维护

导航系统的维护是信息导航建设过程中最为关键的一环。网络资源处于一种动态变化的过程之中，其域名（链接）、服务器的 IP 地址发生变化的可能性很大。因此网站管理员时刻关注这些变化，保持网站实时更新，保证学科导航的价值不衰减。

（3）网络信息导航服务技术

网络信息导航利用互联网这一信息传递、存储、应用平台，具有帮助用户快速准确获取知识的功能。在网络环境下，用户面对庞大的信息量往往无从下手。这就要求高校图书馆开展知识服务，为用户提供网络导航服务，将收集的信息进行有序组织，帮助用户有效地利用网络信息资源、提高查询质量。

3. 网络信息导航的基本形式

按照设置的内容不同，可分为网络常用资源导航、网络特色资源导航、学校重点学科和精品课程资源导航等。

按照搜索的素材不同，可分为电子文献、电子图书检索、电子图书馆、网络数据库及其他专业电子资源。

网络信息导航按照导航页面的显示方式不同，可分为浏览式导航（如网络目录）、基于查询的搜索引擎导航、基于图示的导航（如应用菜单、标签、可视化技术的导航）和超链式导航（利用节点和节点之间关系的导航）。

此外，国外将网络信息导航模式抽象地分为空间模式、语义模式和社会模式。

4. 学科信息导航系统

在信息导航系统中，学科导航占据着很大的比重，是大数据时代各大高校、科研单位中图书馆建设的重点项目。用户查找信息多以学科分类为准，习惯于在特定的学科分类内查找自己所需的知识。

学科导航是指对以某一学科为单元的学术信息资源进行搜集、分析、评估，按特定学科体系对信息资源进行二次重组，然后建立分类目录或资源组织体系，为读者提供网络学科信息资源引导和检索的导航系统。建设网络学科信息导航系统能够充分发挥高校图书馆的服务功能，提高各类信息资源的利用率，是大数据时代高校图书馆信息服务的重要功能。

大数据时代高校图书馆的文献资源建设更重视研究级以上的馆藏，只需要每个馆有自己的特色文献。其中，导航库建设平台是十分重要的，高校图书馆应该按照开放性、标准化、先进性、易用性和可扩展性的原则进行选择。大数据时代的高校图书馆建设学科导航库平台具体需要做好以下几方面的工作。

（1）确定重点学科导航库的边界

在确定学科边界的过程中，高校图书馆首先应听取学科专家、权威的意见,然后对学科的特色和范围进行分析,尤其是高校科研人员的培养方向。只有全面掌握学科知识,才能更准确地把握本学科的发展方向。

(2) 确定分类体系和结构

一个好的学科导航库必须拥有一个科学合理的知识分类体系,学科的知识体系是数据库储存文献的基本框架,对合理储存文献及提高用户使用效率都大有裨益。

(3) 重点学科导航库分类体系结构的划分

一般而言,学科导航资源分为以下三个大类:

第一,学科专业类,一般按国际国内常见的学科专业类型进行分类。

第二,资源类,包括电子期刊、数据库、专刊、标准等信息。

第三,综合参考类,主要是一些辞典、名录、指南、参考工具、手册等。

以上三大类是一级类目,下面还有二级类目与三级类目,依次类推。

(4) 确立重点学科导航库信息资源的范畴

数据质量是建设重点学科导航库的基础,学术资源导航库应针对国内外该学科发展现状和用户需求特点,选择内容新颖、反映本学科研究领域前沿动态的科研中的热点问题,使学科导航库具有实用价值。

要达到以上要求,学科导航库还必须依照系统性、可靠性、时效性、独特性、稳定性的标准对数据采集进行规范。可以通过对单篇文章内部进行标引,以实现单篇文章内部之间的知识关联和聚类。标引可以采用计算机自动标引、人工标引、人机结合标引等方式,实现知识资产的关联与聚类。

当然,在进行学科信息导航系统建设时,还应利用搜索引擎这一便捷工具，方便查找学术性强、质量高的信息，这也是大数据时代高校图书馆加强信息导航功能、获取网络信息资源的便捷途径之一。

5. 信息导航彰显个性化服务

个性化服务是图书馆信息导航功能更具体的表现。信息导航个性化服务可以分为以下几种类型。

(1) 个性化信息引导

个性化信息引导是指根据用户个人的具体需要，提供高质量的、系统的信息服务。这种服务是持续性的，需要跟踪用户的使用情况，优化检索过程和检索结果，不仅限于为用户找信息，更倾向于为信息找用户，大大增强了大数据时代高校图书馆服务的主动性。

(2) 专题服务

专题服务是指图书馆针对某个特定课题，系统地检索文献资料，主动为用户提供情报服务的一种服务方式。大数据时代图书馆工作人员应依据调查研究，针对不同用户的研究方向和专业，进行多方选题，将信息分门别类地编成题录、文摘等各类信息资源推荐给用户，为其提供特色的有针对性的信息服务。

(3) 个性化网络资源建设

网络资源建设是大数据时代高校图书馆的一项重要工作。要做好这项工作，必须注重资源的个性化建设，做到人无我有、人有我专，否则网络资源就会失去生命力。高校图书馆应根据用户的需求对网络资源进行专题选择，利用各种搜索引擎和数据库，对网络信息加以索引、整序，以便用户查询。此外，还要做到对某一专业或某一主题相关的知识信息进行筛选、提炼、分析、综合，组成专业信息资源组合，放在网页上供专业用户使用等。这样，高校图书馆就能为专业用户提供翔实、丰富的专业信息，很好地起到了专业信息导航的作用。

第三章

# 高校图书馆管理理念的发展创新

高校图书馆的管理是建立在图书馆管理理念的基础之上的,图书馆管理理念的发展创新也带动着高校图书馆管理体系的创新发展。本章即针对图书馆管理理念,对高校图书馆人本管理理念、知识管理理念、全面质量管理理念以及信息管理理念的创新进行研究与分析。

## 第一节 人本管理理念的创新

### 一、人本管理的内涵

人本管理是20世纪60年代兴起、20世纪80年代发展起来的一种管理思想和模式。所谓人本管理就是"以人为本"进行管理,是伦理学与心理学相结合的管理。人本管理是以"人"为核心的管理,即理解和尊重管理者的个人发展,通过激励、调动和发挥员工的积极性和创造性,创造最佳绩效;满足被管理者的物质及社会需要,促进被管理者自我价值的实现。这种管理使管理者和被管理者都能够实现自己的驱动价值,因此是最可行的管理。

刘国俊、杜定友、程焕文等学者先后论述了图书馆学中人本管理思想的发展进程。进入21世纪，人本管理理论在图书情报领域得到了积极的发展，而这一理论具体应用在高校图书馆管理中就是高校图书馆人本管理，具体来说包括以下两方面含义。

（一）以馆员为本的高校图书馆人本管理

馆员是高校图书馆所有活动要素中最具能动性的要素，其他要素都由馆员来支配，具有一定的被动性。在高校图书馆管理中，馆员既是管理者也是被管理者。管理者需要充分调动馆员的积极性和能动性，以发挥他们的潜能，从而实现其自身的最大化价值，这就是高校图书馆人本管理理念中的重要思想。因此，在高校图书馆管理中要树立"馆员第一、创新为上"的观念，坚持"以人为本"的管理原则，采用多种方式与员工进行沟通，充分了解员工的需求，努力营造一个尊重他人、进取、愉悦的工作氛围，使馆员的积极性和创造性得到充分发挥。

（二）以读者为本的高校图书馆人本管理

高校图书馆要把方便读者以及满足读者需求作为所有工作的出发点和归宿，就要树立"读者第一、服务至上"的观念，这就是以读者为本的高校图书馆人本管理的核心内容。也就意味着，高校图书馆要尊重读者的需求，在细微之处为读者着想，提供他们满意的文献信息和产品。只有在高校图书馆管理过程中充分体现人本管理思想，高校图书馆的信息资源才能在读者的使用中实现价值的最大化。

## 二、人本管理的特征

高校图书馆人本管理思想的特征，不仅具有人本管理的基本特征，而且与高校图书馆自身的特点息息相关，可以概括为如下几点。

(一) 以馆员的自我管理为主

高校图书馆的工作是与知识相关的活动,有着很强的知识性、创新性,其强度、进度和质量不能为管理者完全控制,很大程度上需要依靠馆员的自律性和责任感。管理者需要引导馆员正确地进行自我管理,尊重馆员的个性,激发他们的潜能。从表面上看,自我管理是给馆员提供自由发挥才能的平台,以馆员的辛勤劳动让图书馆承担起自身的社会使命;实际上,自我管理也能让馆员对自己形成全新的认识,促进其个人的全面发展,成为图书馆发展的中坚力量。

强调馆员自我管理,并不是鼓动馆员不服从组织的管理,而是管理者适当地授权给馆员。合理授权不是将权力随便授予,而是管理者基于馆员价值观与图书馆价值观是否一致、馆员之间业务信息的共享能力强弱、馆员服务水平和工作技能的熟练度等决定授权的程度,这些也是人本管理理念所强调的内容。

(二) 组织内部健康的民主机制

美国社会学家乔万尼·萨托利(Giovanni Sartori)认为,民主包含输入式民主(体现民意)和输出式民主(结果公平公正)两个过程。根据这个观点,高校图书馆管理若要体现出民主,不仅要通过决策、计划和执行民主来体现,而且还需要进行利益分配和价值评价。高校图书馆内部的民主管理,不是简单的表决程序,而是要真正建立起高度透明化的民主机制。高校图书馆的一切工作手段和相关规章制度都要贯彻"以馆员为本,用户至上"的理念,注重馆员及读者的情感因素。在实践中,管理者应多多鼓励馆员参与到高校图书馆的管理工作中,为图书馆的工作建言献策,充分展现馆员的价值;建立上级与下级良好沟通的渠道,下放部分权力给最了解、最熟悉问题的部门及馆员,促进图书馆服务效率的提高。

(三) 推崇"以用户为本"的管理与服务理念

近年来，高校图书馆的人文教育工作越来越受到重视，因此，图书馆的人本管理也要贯穿于整个管理和服务过程中，在高校图书馆的服务环境、服务内容、服务方式及服务制度中显现出来。这就要求高校图书馆营造和谐的环境氛围，协助读者迅速获取信息资料，满足读者的精神需求，平等对待每一位读者，提供满意周到的服务。同时，高校图书馆应通过各种形式，开展个性化服务，使读者的不同需求得到满足，建立起相互尊重与交流的桥梁。

(四) 以知识互动推动图书馆与馆员、读者的协调发展

管理是一项很复杂的工作，而任何一个管理者的知识都是有限的，任何一个管理者都无法做到游刃有余地操控组织中所有的细节。在这个知识经济的时代，被管理者可能具备管理者所不具备的知识和经验，所以管理者要尊重每一个被管理者，在管理中合理运用团队的力量。组织的不断发展需要每一位组织成员的参与，在组织获得上升空间的同时，也要满足馆员个人发展的要求。这也是图书馆人本管理的一个特征：通过管理者、馆员、读者之间的知识互补与互动，可以调动馆员的积极性，让更多读者将图书馆作为寻求帮助的首选对象，增强读者对图书馆服务工作的信任，从而实现图书馆与馆员、读者的共同发展。如何推动高校图书馆与馆员、读者的协调发展，可以从以下三方面进行分析。

1. 围绕馆员在高校图书馆管理工作中的价值进行分析

管理者要肯定馆员在高校图书馆管理活动中的核心地位。首先，明确馆员在图书馆工作中的价值，研究馆员的行为；其次，了解馆员的性格特点和成功调动其工作热情的方法；最后，根据馆员的不同需求，采

取有效的激励方式和管理方式激发其积极性,更好地完成图书馆工作的目标。

2. 围绕怎样实现馆员的全面发展进行分析

在馆员目标与图书馆目标相一致的前提条件下,馆员既是高校图书馆管理活动的客体,也是高校图书馆管理活动的主体。因此,管理者需要采取民主的管理方式,运用各种手段引导馆员积极参与到图书馆实践活动中,使馆员切身感受到组织对他们的关怀;结合馆员自我发展的要求,注重对他们的培训工作,使其树立终身学习的理念,全面提高个人素质;对图书馆现有的人力资源和人力资本进行改进、完善,努力向学习型组织转变;营造融洽的工作氛围,提升团队的凝聚力,以适应复杂多变的环境。

3. 围绕如何提高馆员对读者的管理水平进行分析

高校图书馆作为非营利性组织,最终目标并非实现经济利益的最大化,而是实现文献价值的最大化。高校图书馆管理者无论采取哪种管理方式,其最终目的都是实现高校图书馆的工作目标,做好服务管理工作。所以,高校图书馆管理者要帮助馆员与读者建立良好的沟通渠道,利用网络信息技术,突破空间的局限性;根据读者的不同需求购买、引进各种文献资源,以便充分满足读者的需求;提供最简便的服务方式,使读者感到最高程度的自由和最低程度的限制。

落实好读者管理工作能够体现出高校图书馆管理过程中的公共性、社会性,可以将高校图书馆的发展与社会发展、精神文明建设联系到一起,形成有机的整体。

### 三、高校图书馆人本管理模式的构建

高校图书馆人本管理模式的构建是一项全面而系统的工程,图书馆

和读者在人本管理模式构建中互为影响、互为补充，二者缺一不可，管理者要注重兼顾双方的利益。

（一）管理者对馆员人本管理模式的构建

1. 采取柔性化的管理方式

柔性化管理是指管理者依据组织的共同精神价值以及共同文化心理需求，对其成员进行的管理。其中，人的存在和价值是柔性化管理考虑的重要方面，灵活性和适应性则是柔性化管理的重要特征。柔性化管理在高校图书馆人本管理模式构建中的应用空间非常大，柔性化管理遵循人的心理规律和基本行为，以尊重、理解、重视的基本思路对员工进行人文化的管理，主要靠潜在的规则去约束员工，使员工养成良好的自我行为习惯。管理者应该从本馆以及馆员的实际情况出发对馆员进行管理，要把馆员当作合作伙伴而不是下级。当馆员犯错时，管理者不应该首先想到要对其进行惩罚，而是应该仔细调查，耐心听取馆员的解释，并在做出处理决定之前先对馆员进行说服教育。此外，管理者还要注意馆员的合理需求，在规定允许的范围内尽量为馆员提供方便，如馆员因家庭原因临时调整工作时间或因个人身体原因调整工作强度，图书馆要为其提供方便；组织相关活动，减轻馆员的压力，增强馆员之间的情感联系。总之，高校图书馆的柔性管理措施应以调动馆员的积极性和创造性为基础，提高馆员的职业价值，增强馆员的归属感，最终提高馆员的管理水平。

2. 采用民主化的管理方式

图书馆民主化管理就是指让馆员参与管理或决策。想要做好民主化管理，高校图书馆管理者应该在决策时与图书馆馆员讨论，收集各个方面的声音。首先，这样做能发挥集体的力量，提高决策的科学性。其次，集体决策的结果更容易被馆员接受，能减少实施决策的阻力。因此，高校图书馆管理者应充分尊重馆员的参与权和知情权，在决策时充分听取馆员的意见，调动馆员参与管理的积极性和主动性。此外，职工代表大会作为图书馆的最高决策机构，能够反映全体职工的需要，所以应充分发挥职工代表大会的作用。一方面，管理者可以通过职工代表大会了解馆员对图书馆管理的建议、馆员对自身福利的需求和馆员的心理需求；另一方面，职工代表大会的决策地位应受到充分尊重，所有涉及图书馆重大利益的决定都应由职工代表大会决定。

3. 建立健全激励机制

激励机制是指高校图书馆管理者根据图书馆的实际情况，制定合理的奖惩制度，通过奖优惩劣来鼓励员工进步，这是提高图书馆管理质量、实现图书馆管理目标的重要手段。人本管理模式下高校图书馆的激励机制主要包括目标激励、榜样激励、培训与晋升激励。目标激励是指图书馆通过设置目标来促进馆员的成长。榜样激励是指在图书馆评选先进榜样，如评选馆内先进标兵或先进团体等。培训与晋升激励是指图书馆通过某种手段为馆员自身发展提供渠道，如对馆员进行专业知识和专业技能培训，对结训成绩优秀的馆员给予一定的物质和精神奖励，并将培训效果与个人晋升联系起来。而对那些不能满足图书馆岗位要求的馆员要给予适当的惩罚。在高校图书馆管理中，管理者可以采取多种激励措施，但在实施中必须保证公平正义，使激励机制得到最大限度的发挥。

4. 完善培训体系和继续教育体系

大数据时代计算机技术不断更新，数字图书馆不断推进，读者的需求也随之快速变化，这些变化对高校图书馆馆员提出了新的要求。在高校图书馆人本管理模式下，管理者应为馆员提供更多的学习机会，帮助其及时补充知识，以适应大数据时代高校图书馆的管理要求。首先，管理者应加强对馆员的培训。在高校图书馆长远发展规划的指导下，管理者应结合馆员的专业知识和能力现状，有计划地进行在职培训和短期培训，并组织馆员参观和学习优秀高校图书馆。有条件的还可以邀请高级专家、学者向馆员做专题报告。其次，管理者还应重视对馆员的继续教育，要求馆员每年进行一定时间的网上学习，并对合格的馆员予以奖励，逐步形成全体馆员终身学习的良好氛围。

（二）高校图书馆对读者人本管理模式的构建

1. 提升服务的文化内涵，营造温馨的借阅环境

图书馆人本管理模式要求高校图书馆在资源布局、环境设计、开放时间、个性需求等方面对读者的实际需求进行充分考虑，给读者提供一个温馨、舒适的学习环境。具体可以从以下几方面实施。

首先，为突出空间布局，丰富人文底蕴，高校图书馆装修要以清新典雅为主。其次，高校图书馆的开馆和闭馆时间应该根据该校师生的作息时间而定。再次，高校图书馆在图书资源的设置上应该打破传统模式的限制，可以将桌椅或计算机零散布局，方便读者在检索信息的同时，又感到宽敞舒适。最后，高校图书馆还应对特殊群体进行适当的人文关怀，如采购一些盲文书籍、设置残疾人卫生间等。

2. 重视读者反馈信息，提高服务质量

在人本管理模式下，高校图书馆应该为读者提供更加个性化的服务，提高服务质量，满足读者的合理需求。高校图书馆要树立以读者为依托办馆的发展链，对读者的反馈信息给予关注和重视。由于图书馆的直接受益者就是读者，其工作的缺点和错误可以通过读者的意见和建议等反馈信息体现出来。高校图书馆可以采用传统方式接收反馈信息，如

在图书馆中设置意见箱、调查问卷等；也可以利用一些现代化的平台，如图书馆网站、官方微博、微信公众号等。

3. 创新管理模式，鼓励读者参与图书馆管理

高校图书馆的人本管理模式需要馆员与读者之间建立及时有效的沟通和联系。高校图书馆管理者要在馆员与读者之间建立一条联系的纽带，鼓励读者积极参与图书馆管理，为图书馆的健康有序发展提出宝贵的意见。同时，馆员的管理工作量也会因读者的参与而减少，这对减轻馆员工作压力、提升图书馆服务的质量和效率都有积极作用。读者兼任馆员，是国外一些先进高校图书馆进行人本管理的重要经验，非常值得我们学习。这种方式使读者既能站在读者的角度思考如何改进图书馆服务，又能站在馆员的角度思考如何进行高校图书馆资源的开发和利用。

4. 利用各种资源，组织多种活动

高校图书馆可以通过举办各种活动增进与读者之间的联系。在人本管理模式下，高校图书馆管理者要采取多种形式宣传图书馆文化，使高校图书馆的资源发挥更大的社会文化价值，使更多人的人文修养和个人素质得以提高，如举办读书报告会、读书演讲赛、网络信息发布会、新书点评会等活动。需要特别注意的是，网络化是大数据时代的重要特征，未来图书馆的主体受众是网络用户。在这种形势下，一方面，高校图书馆要做好数字图书馆的建设工作，使读者能够随时随地享受图书资源服务；另一方面，高校图书馆要做好网络平台的建设工作，使图书馆的知名度和影响力得到宣传。

人本管理的出发点是满足组织和成员的需求，这要求管理者通过充分发挥员工的创造力和潜能，实现对整个组织的高效和谐管理。高校图书馆人本管理模式既注重馆员自我发展和自我成长的价值，也注重满足

读者的多样化需求，这两方面都有助于提高图书馆的服务质量，促进图书馆的长远发展。在大数据时代，高校图书馆管理面临着新的挑战和机遇。因此，高校图书馆管理者和馆员都应勇于迎接时代带来的挑战，以全新的态度和饱满的热情做好图书馆管理工作，坚持贯彻"读者至上"的发展理念，构建科学高效的高校图书馆人本管理模式。

## 第二节 知识管理理念的创新

### 一、图书馆知识管理内涵

关于图书馆知识管理思想的概念，被引用最多且得到广泛认同的是美国资深知识管理专家、经济学博士约根什·马尔霍特拉（Yogesh Malhotra）的观点——知识管理是指当企业面对日益增长的非连续的环境变化时，管理者针对组织的适应性、组织的生存和竞争能力等重要方面所采取的一种迎合性措施。本质上，它包含了组织的发展进程，并力求将信息技术对数据、信息的处理能力和人的发明创造能力进行有机结合。

知识管理要求组织内部员工具有知识挖掘的能力，尤其是对隐性知识的挖掘能力，并能够对挖掘到的知识进行创造性利用。知识管理的内容包括对信息的收集、整理、保存与传递，而且更加强调各种知识间的管理、交互与转换。虽然知识管理理念产生于企业管理实践中，但是对这一理念的应用早已延伸到了图书情报界。作为一种先进的图书馆管理理念，我国图书馆知识管理的研究起步于1999年，当即就引起了图书情报界人士及图书情报机构的关注。

而在当今的图书情报界，有关图书馆知识管理基础理论的研究、知识管理与图书情报学的互动研究以及基于知识管理的图书管理理论的变革与创新研究已然成为知识管理理论研究的热点。其中，基础理论方面的研究包括图书馆知识管理的主要目标、任务、内容、实现条件等；互动关系方面的研究包括知识管理对于图书情报学的影响以及两者本质与目标的异同等。

虽然以上几个研究热点仍处于探索阶段，图书情报界在相关问题上还没有全部达成共识，但是知识管理理念已经从多方面触发了高校图书馆管理的创新。在管理理念上，高校图书馆管理的主要对象成为以知识为中心的高校图书馆知识管理系统；在管理内容上，高校图书馆知识管理将更加突出知识创新管理、知识服务管理、知识应用管理、知识产权管理、人力资本管理与知识传播管理；在管理职能上，图书馆知识管理的主要职能体现为外括、内化、中介、共享、学习和认知（创新）；在管理原则上，图书馆知识管理将不再受到图书馆传统管理的束缚，而是更加重视创新性原则、开放性原则、激励性原则、共享性原则、增值性原则、发掘性原则、协作性原则、层次性原则。因此，把知识管理理念应用于高校图书馆管理实践，能够促进高校图书馆管理走向更深层次的应用领域，促进我国图书情报事业的全面发展。[①]

## 二、高校图书馆知识管理对策

高校图书馆实施知识管理是一个系统化的工程，是图书馆的重要任务。管理者需要进行文献资源、人力资源、技术资源的合理布局和协调处理，利用有效的知识管理实施策略对现有资源进行广泛的揭示和报

---

① 张利民：《高校图书馆管理创新发展与应用》，成都：电子科技大学出版社 2019 年版。

道，使之能够充分利用。高校图书馆管理者可以从以下几方面实施知识管理。

（一）强化图书馆优势策略

强化图书馆优势策略要求管理者对于高校图书馆的馆藏资源进行规范化管理，对各类型的文献，分门别类进行管理；对于过时的知识，能够及时淘汰；对于新知识、新资源，能够做到迅速更新和宣传；为文献资源建立数据库，使用户能够及时准确地查找相关信息，提高查全率和查准率；能够对每部书进行清晰的揭示，不仅能使用户查到书名、作者、书号等信息，还能对书的内容做简单的揭示，降低误差率。

高校图书馆不仅可以利用馆内的资源，还可以运用各种方式提供知识服务，如开展专家访谈、名家讲座等，使具有相关知识的学者参与到高校图书馆的知识服务领域当中，为高校图书馆的知识服务提供智力保障和技术支持。

（二）创建和谐的图书馆工作环境——组织文化建设

所处环境的好坏，对于一个人的影响是巨大的、多方面的、潜移默化的。和谐的工作环境能使员工的潜能得到充分发挥，工作能力也会有较大提高，使其能够全心投入所从事的工作当中；可以减少员工之间的摩擦，减轻其工作负担和心理压力，从而提高工作效率。因此，高校图书馆创建和谐的工作环境，可以加强图书馆组织文化建设，为馆员提供共同的愿景目标，有利于从不同知识来源中提取主要的数据加以存储、记忆，使其可以被馆员和用户所利用，从而提高图书馆知识管理的工作效率和服务质量。

组织文化是组织内所有成员的共同价值、信念和态度，是组织成员的一种共同认识。和谐的组织文化可以使组织成员的个人能力转化为组织整体能量的精神动力，使组织成员之间能够产生相互作用的精神和行为的共享系统。一个完善的图书馆知识管理系统离不开组织文化的支持，组织文化建设是高校图书馆知识管理的关键因素。建设高校图书馆组织文化要遵循经验互享、支持学习、信任合作、支持创新的原则。

经验互享的组织文化源于图书馆的核心价值观，是高校图书馆使命、价值和社会责任感的体现。当馆员拥有共同的价值观，就会将知识分享视为理所当然的事，馆员之间也会主动地互相交流思想。因此，高校图书馆管理者在进行知识管理时，必须建立一种有利于馆员之间信赖和分享的组织文化，转变馆员的固有思维模式，使其能够在相互交流中释放出自己的潜能。

支持学习的组织文化是图书馆知识管理的智力保障，有利于督促高校图书馆馆员提高个人学习效率，进行启发式学习，改变被动的教育模式，增强馆员吸收知识的积极性，使高校图书馆形成一个不断创新的文化环境。

信任合作的组织文化要求高校图书馆为馆员提供开放的沟通环境，使馆员能够充分参与图书馆的建设和研究，从而提高团队的凝聚力，使馆员在良性的竞争环境中提升自己的知识和能力，建立互动学习、信任合作的机制，进行自发的知识转化行动。

支持创新的组织文化是图书馆知识管理的直接目的，即高校图书馆必须为馆员提供知识创造的环境，建立各种奖励机制，支持馆员的知识创新工作，使馆员直接参与到知识管理当中，提高馆员的工作热情，增强其责任感。

综上所述，高校图书馆知识管理必须建立和谐的文化环境，创造共同愿景，明确图书馆的使命和目标，激励馆员努力学习，提高个人素养，探索合理的工作方法，实现知识管理的自主创新。

（三）信息文化背景下的技术策略

高校图书馆知识管理不仅需要制度和理论的支持，也需要技术的保障。在大数据时代，信息技术是知识管理不可或缺的前提条件。在信息技术的支持下，高校图书馆可以在馆员和用户之间建立沟通平台，满足读者深层次的知识需求，为读者提供系统而丰富的信息资源，实现图书馆服务的多样化。大数据时代高校图书馆的知识服务应把用户的信息需求放在首位，准确地调查和分析用户的信息需求，根据用户的习惯和心理特征，判断用户的实际需求和潜在需求，通过开放链接技术获取动态链接资源，整合各种信息产品，开发数字信息资源，以人为本，为用户提供更深层次的知识服务。

在线聊天和在线学习是网络的基本功能，不仅为人们提供了交流的空间，也为在线学术交流提供了可能。由于网络聊天具有匿名性和平等性，人们可以把现实生活中其他因素抛在一边，从自己关心的问题和存在的疑虑等角度出发，充分表达自己的观点，还可以广泛地寻求他人的帮助，实现信息资源共享、网络交流、信息共享的目的，这也有利于各种知识创新活动的开展。比如用户可以登录高校图书馆文献信息资源共享网络，从某一领域中某个话题的内容开始讨论。高校图书馆是构建文献信息资源网络共享的信息源和基础，是文献信息网络共享的物质承办方。高校图书馆还承担着为高校师生交流学术信息、开展学术活动提供便利条件的责任，需要提供群体讨论和专题调查研究的特殊环境，协助用户形成学术报告和共享系统化信息资源，达到帮助用户分析问题、解决问题的服务目标。

在大数据时代，高校图书馆用户的需求趋向于"自主选择"，即希望用最少的时间和精力达到最满意的结果，并期待能够拥有一个更加轻松的工作和学习环境。而由于用户专业学科的不同，对高校图书馆信息服务方式的要求也更加具体、更加人性化，这就要求高校图书馆在组织信息网络资源时，必须建造更加清晰和明确的信息系统，把用户在使用时可能遇到的阻碍排除到最少，满足用户的基本要求。

（四）创建协作学习型组织

学习型组织理论是美国管理学家彼得·圣吉（Peter M. Senge）在《第五项修炼》中提出的管理理念。他在书中提出，构建学习型组织不仅力求精简、扁平化、灵活、终身学习，而且会通过不断进行自我组织再造以保持竞争力。

建立协作学习型组织有利于高校图书馆知识管理在组织共同愿景的指导下，达成协作共识，实现组织的目标。协作学习组织是由许多创造性的个体组成的，通过不断学习和沟通，个体形成团队学习意识，养成终身学习的习惯，贡献个人智慧，改变陈旧的传统思维方式，自觉投入工作，发掘专业技能，强化集体思维，积极对问题进行分析，从而提高团队向心力。

对于大数据时代的高校图书馆而言，馆员与馆员之间、馆员与用户之间形成协作学习氛围，相互借鉴，加强协作学习，加强知识共享，增强知识创新能力，不仅有利于高校图书馆知识管理达到质的飞跃，也有利于图书馆知识管理文化的形成，使每个馆员都能围绕知识管理的理念，调整自己的行为、工作方法，从而形成知识管理的价值取向。

## 第三节　全面质量管理理念的创新

**一、高校图书馆全面质量管理理论内涵**

全面质量管理理论最早产生于美国，随后在日本迅速发展，并取得了丰硕的成果。全面质量管理理论的最大贡献者是世界著名的质量管理专家爱德华兹·戴明（W. Edwards Deming）（1900—1993）。作为质量管理理论的先驱，他提出的"14点"成为全面质量管理的重要理论基础。目前，全面质量管理理论已广泛应用于各行各业，其中就包括图书馆管理。

自20世纪80年代以来，一些图书馆就已经开始运用全面质量管理模式，但对这种模式的研究始于20世纪90年代末。全面质量管理是一种需要全体员工参与的管理模式和理念，并根据客户的需要和期望运用科学的方法和工具，实现对组织的全方位管理。罗曼《图书馆全面质量管理TQM模型研究》和陈丽凤《全面质量管理与行销管理在图书馆之应用》两部书介绍了国外图书馆全面质量管理的现状，并提出了我国图书馆全面质量管理的实施方法。目前，我国图书馆全面质量管理的研究已逐步深入图书馆全面质量管理的内涵、内容和实践的理论研究。

经过多年的研究，图书馆全面质量管理模式已经基本建立，我们可以这样定义图书馆全面质量管理理论：图书馆全面质量管理是指对图书馆各种有效数据进行认真分析，做出正确决策，鼓励全体工作人员积极参与图书馆服务全过程，不断提高图书馆服务质量的一种管理模式，其中为用户提供信息知识服务是图书馆的重要职能。与企业生产产品相类似，高校图书馆也存在着大量机械性的、重复性的日常事务。因此，全面质量管理在高校图书馆的实施应该与企业相似，它不仅可以消除部门之间的隔阂，避免出现部门之间相互推诿、攀比的弊端，而且可以显著增强每个馆员的责任感和服务意识。只有鼓励每个工作人员参与质量管理，才能最终实现高质量的高校图书馆服务管理，使高校图书馆在管理观念上彻底更新，使"质量第一"的观念深入全体图书馆馆员的心中，这是成功建立高校图书馆全面质量管理模式的关键之一，也是一个需要长期进行的工作，必须在实施中不断调整和完善。

### 二、高校图书馆全面质量管理体系的构建原则

（一）读者满意原则

图书馆的服务对象是全体读者，因此对读者高度负责是高校图书馆的工作原则。在高校图书馆各项工作中，管理者应根据图书馆信息资源的实际情况，充分利用现有信息资源，采取多种措施，开展符合读者需求和期望的工作。同时，高校图书馆的各项功能必须最大限度地满足所有目标读者的需要。

（二）读者评价结果原则

对高校图书馆服务质量进行评估的一个重要工具就是读者评价，这也是高校图书馆事业发展的关键。每个读者都可以客观地评价图书馆里的一切，这些客观、科学的评价可以为高校图书馆工作的不断改进和发展提供科学客观的决策依据。高校图书馆想要建立以读者满意度为中心的评价结果，其具体内容应包括：图书馆信息资源建设、重大问题决策、管理体制的制定、对图书馆馆员的评价。

### (三) 持续改进原则

随着社会的进步和科学技术的发展，读者的信息需求和期望也在不断变化，呈现出多元化、多层次的趋势。高校图书馆要适应读者信息需求和期望的变化，适应社会发展和技术进步的变化，不断更新和完善图书馆全面质量管理体系。

### (四) 过程概念原则

应制定标准化管理体系，对每一项工作、每一个岗位及其职责、每个环节都做出标准化规定，改变过去高校图书馆工作的随意性，使图书馆的全部工作过程都在标准化质量管理体系的控制下进行，确保整个管理系统正常运行。

## 三、实施全面质量管理体系的对策

### (一) 调研读者实际需求，制定图书馆全面质量管理评价机制

全面质量管理体系的重要管理思想就是"一切用数字说话、一切以预防为主、一切为用户服务"。也就是说，建立以读者满意为核心的评价机制以及用科学手段分析评价结果是高校图书馆全面质量管理体系的重要组成部分。实施全面质量管理体系的重点就是建立交流平台和科学的服务质量评价模型。首先，交流平台应该结构合理、功能齐全、形式多样，具有普遍性和权威性。为了增强读者与图书馆的相互信任，除问卷调查外，还应利用个人交流和在线评论来加强图书馆与读者之间的交流和沟通。其次，高校图书馆服务质量评价模型有利于提高读者满意度和服务质量。要制定高校图书馆全面质量管理评价机制应做到如下几点：跟踪各部门的效率和绩效，制定目标和执行目标，确定改进的优先顺序，制订改进计划和方案。

### (二)全员培训,提高图书馆工作人员的质量意识

全面质量管理是一种"以人为本"的管理模式,在实施高校图书馆全面质量管理体系的过程中,馆员作为管理的主要对象和最重要的资源,管理者只有通过多种措施提高馆员的能力、调动馆员的积极性和创造性,才能实现高校图书馆全面质量管理的终极目标。高校图书馆应通过各方面培训,强化馆员的道德素质和专业精神;通过持续的再教育,提高馆员的业务能力及其整体素质;通过积极引导,馆员在全面质量管理体系的构建和实施过程中,能够找到自己的定位和方向,从而实现高校图书馆整体的自我完善和发展。

### (三)建立质量评价体系,控制服务工作的全过程

高校图书馆在实施全面质量管理体系的过程中,应建立质量评价体系,有效控制图书馆服务的全过程。质量评价体系的内容包括:评价工作是否合格,找出不合格的原因、明确各方责任,对未来工作提出改进措施和改进周期等。此外,图书馆管理者还必须跟踪改进措施的实施效果,并在重大问题相关的规章制度中增加相应的内容,以防止此类事件在今后的工作中再次发生。

### (四)评估读者满意度,实施质量改进措施

馆员、读者、文献资源、服务模式和结果共同构成高校图书馆读者服务的五要素。在读者服务过程中,读者可以通过其他四个要素感受服务,并进行满意度评价。要想全面质量管理体系更加有效地运行,必须坚决纠正和妥善解决已经发生的质量问题。因此,高校图书馆应积极调查读者评价满意度,找出存在的问题,并进行整改。

## 第四节 信息管理理念的创新

**一、信息服务理念的创新**

高校图书馆信息服务管理机制创新是指在自动化目标的控制下,对高校图书馆管理工作与业务流程进行再设计和重建的过程。机制创新的核心内容是指以自动化作业为中心,打破传统的分工理论和方法,正确地运用信息、技术,建立高校图书馆新的管理机制,以迅速适应不断变化的环境。高校图书馆信息服务管理机制创新就是分别实行外部信息服务管理机制创新和内部信息服务管理机制创新。

(一)外部信息服务管理机制创新

外部信息服务管理机制创新包括:建立外向型信息服务管理机制,面向网络建立信息流集中管理、物质流分散管理机制,与从事信息技术或网络技术的部门、企业或公司合作建立信息技术进步机制。

1. 建立外向型信息服务管理机制

在大数据时代计算机技术和网络技术迅速发展的形势下,高校图书馆必须从物质流的管理向信息流的管理发展,传统的内部信息服务管理也需要转为外向型信息服务管理,通过采取自动化为先导,参与研制信息服务法规、法则、政策,探讨信息技术的改进和发展,扩大高校图书馆的信息服务范围,吸引更多用户,扩大用户范围,发挥高校图书馆的信息服务优势,提高信息服务工作质量。

## 2. 建立信息流集中管理、物质流分散管理机制

面对信息的庞杂无序和获得信息方式的无限性，高校图书馆可以建立信息流集中管理、物质流分散管理机制。如高校图书馆之间通过签订协议，把本区域的网络信息资源和数字化文献信息等通过信息技术进行加工处理，然后集中管理，建设共建、共享系统；对于印刷型的图书、期刊、报纸等物质流信息资源，则由各馆自己分散管理、分散负责。[①]

## 3. 建立信息技术进步机制

高校图书馆信息服务管理要走向科学化、系统化的发展道路，在信息技术方面就要利用先进的信息技术，打破封闭僵化的思维模式，与专门从事信息技术或网络技术的部门、企业或公司合作，研究和开发有利于提高信息服务方面的软件或改进信息服务质量的系统；在信息资源方面，高校图书馆要利用现代化的信息技术，促进数字图书馆的发展和信息产品的生产。除此之外，高校图书馆通过与社会建立起信息技术进步机制，促进相互发展，不断创新，获得共赢。

### （二）内部信息服务管理机制创新

高校图书馆内部信息服务管理机制创新，重点是要建立以用户为中心的信息服务管理机制。在网络环境下，高校图书馆应把用户服务放在图书馆工作的中心位置，建立以自动化为中心的工作流程，突破传统图书馆现行僵化的业务工作流程，实现各部门、各岗位相互协调和合作，对用户需求做出快速反应，满足用户需求，解决用户实际问题；建立以用户为中心的管理机制，根据用户需求制定信息服务内容的管理机制，对多元化信息资源进行深层次的开发、加工，为用户提供专业化、高质

---

① 张利民：《高校图书馆管理创新发展与应用》，成都：电子科技大学出版社2019年版。

量的信息服务。高校图书馆内部信息服务管理机制的建立，不仅能满足不同用户的不同信息需求，还能使图书馆的服务模式发生转变，从让用户走进图书馆变为让图书馆管理者走出图书馆，使高校图书馆管理者投入更多的时间和精力与用户近距离沟通交流，了解用户所急所需，为用户提供贴心的信息服务。

1. 重组以自动化为中心的新业务模式

高校图书馆要根据用户需求，制定包含信息服务内容和范围的管理机制。这要求打破图书馆传统的线型业务流程，构建能够完成多种业务的、独立的、自成体系的计算机网络系统和控制机构。许多高校图书馆文献馆藏丰富但利用不足，更需要业务重组，以开发利用资源为突破口，提高信息组织与利用的能力，并根据用户需求对多元化的信息资源进行合理组配和深层次加工，开展各具特色的业务工作，形成有序、有针对性的情报信息服务体系。

2. 建立以市场经济为导向的新业务模式

高校图书馆也需要以市场经济为导向信息，建立以主动性、多样性、开放性和动态性为特征的服务模式，为用户提供全方位、高质量的信息服务，树立全新的市场观念，遵循市场规律，促进信息市场与经济效益相结合，建立新的业务模式，做好科研与市场之间的中介与桥梁，加速科技成果的转化，促使产、学、研接轨，实现效益的最大化。

## 二、"广度"与"深度"并重

### （一）拓展服务内涵与范围

大数据时代读者的需求向多元化发展，深化服务内涵、开展多样化服务来满足读者不断变化的需求，成为高校图书馆服务创新、与时俱进的基础。相比传统高校图书馆服务内容单一和表现形式静态化，大数据时代的高校图书馆服务面向多元化与个性化发展，服务内容与形式也应更加专业化与高端化。服务内涵多样化主要指高校图书馆不仅仅满足读者基本的借阅服务，还为读者提供更加具有趣味性与公益性的活动形式。延伸服务范围是指高校图书馆的服务模式从读者走进图书馆转变为图书馆走进读者，从固有的阵地服务转变为流动服务，从固有的高校图书馆室内服务转移到校园内人群集中的其他场所和较偏僻的师生居住区，如建立流通站和自助图书馆，提供便利的借阅服务。高校图书馆在延伸服务空间的同时还需延伸服务时间，如配备24小时自助还书机器，延长开馆闭馆时间，节假日、休息日照常开放服务等。

服务创新依赖于先进理念的引领，先进的服务理念是服务创新的基础。因此，高校图书馆应在保证基础服务顺利有效运行的前提下，积极创新延伸服务内涵，并根据读者复杂的变化需求，更新服务观念，深化服务手段，努力实现服务内容和方式的转变。同时，还应保持服务理念的先进性，积极扩大图书馆的开放程度，让图书馆融入读者生活圈，在保证馆藏文献质量的前提下，提高服务效率，在网络平台上保持服务优势，建设以服务为主要概念的大数据时代的高校图书馆。

(二) 打造品牌服务

读者是高校图书馆服务创新的重要驱动力之一，因此，关心读者的精神文化诉求，获取当前和潜在的用户信息，可以减少服务中的不确定性，完善用户自身体验，让服务结果满足用户需求，提高用户的满意度。依据不同类型读者的不同需求，高校图书馆可以打造自己的特色服务,营造特色文化,打造品牌服务。

**三、"经济"与"文化"协调发展**

(一)坚持科学经济发展

经济与文化发展水平是衡量社会文明程度的重要指标。近年来我国高校图书馆事业在国家政策的指引领导下蓬勃发展,各高校依据师生诉求加大对图书馆的财政支持,扩建改造旧有空间与设备,购买文献资源,投资举办富有文化内涵的服务活动,使高校图书馆事业发展向前迈出巨大的步伐,取得了辉煌的成果。高校图书馆事业发展应遵循三个原理:一是要与高校发展水平相适应;二是要与高校重点学科同步发展;三是要适应高校师生的阅读需求。

高校图书馆既为读者提供知识文化服务,也为其提供学术培训项目,成为高校师生校园生活中不可或缺的一部分。发展高校图书馆事业,必须要有科学的发展理念作为支撑,为读者提供不同的服务需求。高校图书馆事业发展理念要以国家文化政策为指导方针,以经济水平为资金根基,推动高校图书馆事业发展,实现三者的协同发展。高校图书馆有价值、有创造性的科学服务观可以满足读者的需求,不仅为读者带来"有所得"的愉悦心情,还应该为读者在其所需基础上创造超出其预料的服务,为读者带来幸福预期。社会前进的脚步不曾停歇,读者的需求也不断变化,高校图书馆必须坚持科学发展理念,不断进行创新优化,让发展理念在实践中接受检验,通过实践反馈信息来完善发展理念,促进高校图书馆事业的科学发展。

(二)传承经典文化

高校图书馆不仅仅为读者提供借阅服务,还有保管重要文化典籍、传承国家经典文化的作用。为让高校师生了解传统文化，提升个人修养，增进文化认同，对传统经典有更多的阅读与思考，高校图书馆可以开展两种类型的活动。第一种是诗词诵读赏析活动。在活动中，图书馆可以准备一些传统的诗词歌赋经典作品，由主讲人对作品进行解说，同时呈现原文及释义，邀请参与活动的读者上台有感情地朗读或进行简要赏析，此外，主持人也可以设计一些简单的文史知识问答来调动参与者的热情。第二种是将诵读阐释经典与评价优质图书相结合的活动。这种活动可以为读者带来富有意义的阅读服务价值，可以说是图书馆文化服务理论与实践的完美结合。这种活动的开展不仅可以让读者感受传统古典文化的韵味，体会古色古香的经典情怀，还可以推选出最受高校师生喜爱的、具有文化内涵与品位的现代书籍，让读者跨越时光长河去品读不同时代的经典文化。

**四、信息技术的创新**

信息技术的创新在高校图书馆服务创新模型中起到了重要的支撑作用。在大数据时代，高校图书馆要加强技术创新，并在提供服务的过程中融入信息技术，提高资源服务效率。为了让文献资源更加便捷地为读者服务，高校图书馆应加强数字图书馆与移动数字图书馆的建设，让读者足不出户、随时随地享受到阅读的乐趣；加强数字馆藏资源共享建设，让一个地区的高校图书馆之间进行数字馆藏资源共享，以此弥补数字资源的短缺，更好地为用户提供优质的数字资源；引进先进的技术设备并引导读者使用，为读者创造更好的视听阅读条件，为不同需求的专业读者提供所需要的科技设备。

如今我们的生活方式深受互联网技术的影响，新技术手段的运用在各行各业层出不穷，迫使不同行业改变原有的传统运行方式，图书馆行业同样遭受到了强力的冲击，然而技术革命的推进也使图书馆面临着新的机遇。因此，高校图书馆必须清醒地认识到利用技术创新阅读服务的必要性和迫切性，以技术创新深化服务理念，以创新技术完善服务手段。高校图书馆可以通过深化技术平台建设、数字资源建设、服务方式等方面的变革，改变阅读方式，提高用户阅读效率，提升图书馆的核心竞争力。

（一）新媒体技术

21世纪，人们的日常生活与工作方式都脱离不了互联网的影响。移动互联让人们随时随地都能使用互联网，成为当今互联网发展的主流方向之一。高校图书馆通过借助网络技术和移动设备，实现了图书馆服务与读者无缝连接，并让这种连接融入读者的日常生活中。随着新媒体技术的发展，网络媒体的普及，不仅人们每日的工作与生活节奏受到影响，就连人类传统的阅读行为习惯也发生了深刻变革，大众媒介日益增多，纸质阅读不再是人们阅读的唯一选择。在全民阅读时代，人们所获得的文献资料的载体不再拘泥于纸本，阅读方式也逐步过渡到以传统方式为主、新媒介方式为辅的新阅读方式。其中手机图书馆和各种电子书阅读器具有便捷、实时、互动和个性化的特点，备受读者喜爱，针对移动用户，各高校图书馆相继推出了形式丰富的新媒体动态服务——"口袋图书馆"。

首先，5G、云计算、大数据、"互联网+"等技术的发展趋向成熟，高校图书馆服务形式主要以APP和微信公众号为主，社交营销以微博与微信平台为主。而手机图书馆服务主要集中在馆务服务、个人服务、资源检索以及学术信息等方面。为充分利用手机移动端的便利性，加强读者查询借阅信息的方便化，高校图书馆可以推出图书馆手机客户端，提供书目检索、条码扫描、读者服务、微博分享、展览讲座、你问我答、分馆导航等服务。条码扫描功能可以让读者在书店看到喜欢的书时扫描下条码，看看是否能够在图书馆借阅；分馆导航功能可以帮读者定位所需书籍在哪一分馆，配合路线导航，使读者找书方便又快捷；读者服务功能可以让读者快速查看已借图书信息并一键续借、了解借阅历史情况、查询读者证功能情况及进行续证操作等；展览讲座功能则可以为读者提供近期即将举办的讲座展览信息，让有兴趣的读者可以提前预知及报名。

其次，微信服务也是一种客户端服务，实际上高校图书馆的微信服务范围覆盖更广。高校图书馆的微信服务支持多人参与，包括信息推送、自助图书馆服务、信息咨询服务以及预约功能等。读者只需关注微信公众号即可进行馆藏查询，绑定个人读者证可进行借阅查询、图书续借等服务项目。同时，高校图书馆公众号可以每天为读者推送讲座活动信息、馆情动态、微阅读以及读者学习心得和生活百科等信息。由于微信用户人群活动量大，微信平台已经成为高校图书馆和读者间重要的交流互动途径，具备一定的信息咨询服务功能。其中，微信公众号平台主要采用人工回答和机器智能回答两种方式来回复读者所咨询的问题，人工回答是读者在向微信公众号平台进行询问时，后台管理人员根据具体问题有针对性地对读者所询问的有关图书馆服务问题进行详细解答，如果超出自身服务范围，还可以为询问者提供具体服务部门的公共联系方式，为读者提供解决路径；自动应答是图书馆管理人员在图书馆微信公众号平台的服务端提前预设一些常见问题并给出相应的答案，后续还可以对这些预设的问题有选择性地进行补充以丰富问题数据库，读者只需简单地输入关键字词，就能得到相关的答案。很多高校图书馆利用微信公众号平台进行二次开发，开发出很多服务读者的平台工具，如微信公众号的荐书平台、图书借购平台及书目查重平台等，以此为读者提供个性化服务。

最后，微博作为自媒体平台，也是新媒体服务的一种，发文数量一般要高于微信平台。高校图书馆微博主要的作用是对外宣传，如宣传阅读推广活动，其目的是增加馆内举办活动的热度、发布馆内实时新闻等。相比于微信平台，微博是一个开放性比较高的平台，互动方式也比较多样化，在高校图书馆某一微博话题之下，微博用户不仅可以进行开放性互动留言，还可以随意评论转发，突出了图书馆的亲和力，提高了服务质量。高校图书馆在运营微博时，要做好管理工作，主要发布和图书馆相关的信息，加大发布频率和数量，吸引读者阅读。同时，微博内容要精简，避免发表长微博，在措辞上注意结合当前主流用词迎合大众喜好。另外，高校图书馆要对微博用户信息加强数据分析，一方面通过读者评论了解读者喜好，另一方面针对读者年龄性别及其关注的其他微博话题进行分析，了解读者兴趣爱好，并将之结合到图书馆服务中，增加高校图书馆和读者之间的黏度。

（二）数字图书馆服务

高校图书馆将馆域网和互联网接入宽带，为数字资源的快速化建设提供了网络硬件基础，也进一步保障了图书馆提供数字资源的能力和水平，使读者对于高校图书馆信息化服务能力充满了信心。为应对社会发展的复杂变化，高校图书馆也应大力研发数字资源建设，解决读者到馆才能享有文献资源服务的限制，满足读者对电子资源日益增长的需要。开展电子资源远程访问服务是公共图书馆构建数字化服务体系、延伸图书馆服务职能的重要途径。

在建设数字资源过程中，高校图书馆要妥善处理好版权问题，在大数据时代，数字版权之争越发常见，合理解决好与出版社之间的数字版权问题是高校图书馆在数字资源建设中重要的一步。妥善解决数字版权授权问题，不仅关乎高校图书馆的未来发展方向，而且会直接影响我国文化产业的发展路径，甚至影响科学文化事业的繁荣发展。因此，高校图书馆要高度重视数字资源的版权保护，多方协商，找到合理的解决方案，为数字资源建设的稳定发展创建良好的环境。

(三) 创客空间

创客空间是近年来高校图书馆构建形成的一种全新的服务模式。创客意为创意制造者，创客空间即为创客提供将创意转换为实践的空间环境。在这个概念中，空间是指具有开放性的实验室和交流创作的工作室，在此空间中创客们可以尽情发挥创造性思维，进行人与人之间创新思想的碰撞，为新点子或创意的提出发挥各自的长处，运用相关技术设备完成创意模型，并进行展览。高校图书馆引入创客空间，目的是将创造性服务理念与实践相结合，展现读者的创造性思维能力，增强图书馆服务多元化能力。创客空间依据服务内容与对象大致可以划分为主题型和综合型两类。主题型"创客空间"是指高校图书馆为满足专业研究者和爱好者的需求，以某一专业领域为主题背景，建立创意服务空间，并提供相关领域的文献资料以及相关科学设备，配备专业的服务人员共同进行探讨与指导，以此来吸引该领域专业学者或相关兴趣爱好者进入创客空间；综合型"创客空间"则涵盖所有"创客"和"创客文化"相关的项目，不区分是否为某一专业领域的创新项目，而是覆盖所有创新项目类型，不限制服务主题类型，可根据不同领域爱好者的要求定制服务项目。

上海图书馆创客空间作为国内第一家公共图书馆创客空间，为高校图书馆创客空间建设提供了模范,下面以上海图书馆为例对创客空间的建设进行介绍。

1. 空间布局

上海图书馆创客空间主要由创新空间和产业图书馆两部分组成,围绕着空间、资源以及服务来展开实践活动。"创新空间"以科学技术、现代时尚的空间环境、人性化服务为主要设计理念,将传统服务与信息技术并重,同时注重读者的体验,合理谋划布局,建设成为读者喜爱的多功能多媒体设施。"创新空间"还设置了阅读空间、专利标准服务空间、全媒体交流体验空间、创意设计展览空间等五大空间区域,这五个空间彼此之间既相互独立又相互依存,可以满足创客资料查询、互相交流及展示创意成果等多样化需求。

2. 资源优化

创客空间内的资源主要包括文献资源与工具资源。文献资源不仅包含了与创意相关的纸质文献,还有数字资源。在工具资源方面,上海图书馆引进了3D打印机,为对建筑、家具、玩具、航模、字体造型设计等有兴趣的人群提供了3D打印服务。目前,其创新空间3D打印服务总共有3台设备,其中一台为专业级别,其余两台为办公级别,都采用FDM技术打印原理;另外还提供了三维扫描仪对实物进行扫描来获取数据,辅助不会使用建模软件的读者进行打印。

3. 服务转型

创新空间与产业图书馆各自侧重点不同,前者利用文献期刊激发创客人员的创意与思维模式,并提供创意实践所需要的工具;后者利用产业信息标准与专利,并结合科技查新服务为创客提供情报信息支持。虽然两者对创客创意从产生到完成的出发点不同,但都是由图书馆为创客们提供了人与人之间交流与合作的场所。为了给创客及企业界人士提供交流平台，上海图书馆与情报学会及工业协会合作共同举办形式多样的产业沙龙与培训活动，这也为高校图书馆服务创新转型提供了新的思路。

(四) 在线学习课程

在大数据时代，高校图书馆应不断创新并开发出新的服务方式，顺应现代化互联网线上学习的需求，加强网络在线资源建设，建立网络学习平台，丰富服务内容。高校图书馆还应该大力发挥社会教育的职能，为满足不同读者专业与知识需求，开设网络公益云课堂，让读者根据自己喜欢的课程来安排时间在线学习，并能在学习过程中与授课教师进行教学知识互动与疑难问题解答。

在线学习是指读者用户在网络环境中、在图书馆网站上获取各类视听资源，教师在线于虚拟教室中进行网络授课的一种学习方式，读者可以在任何时间、任何地点进行在线学习活动。在这一学习活动中，试听学习是读者获得所需求信息的主要途径。与传统的线下学习资源相比，在线学习的课程具有很多新颖的特色。

1. 学习方式虚拟化

它是学员通过网上学习教育平台，使用互联网设备在线学习的一种新方式，是由在线学习社区、各种教程资源以及专业技术平台组成的网络学习环境。学员可以在线选择自己喜欢的学习内容，进行在线聆听所选课程教师的讲课等自主活动。

2. 学习时空泛在化

和数字资源在线阅读一样，在线网络课程学习也打破了时空限制，读者可以任意选择空闲的时间点、任意地点，在学习平台上根据自己的兴趣爱好去学习课程知识。

### 3. 互动讨论虚拟化

在线学习与传统线下学习相比，具有自主探究、互动互助的特点，线上探讨的交流优势以丰富的学习资源为特征。学习者根据所学课程，可以在线或离线对教师提出自己所遇到的问题或对问题独特的见解，还可以与其他学习者进行互动交流，讨论所学到的知识内容。

学习资源包括知识学习、职业技能学习、考试类别学习以及其他类型学习。在建设在线教育课程的过程中，高校图书馆可开发收集学术交流、职业技能、应试网站、职业规划等类别的在线资料。高校图书馆可以通过文化讲座视频形式自建资源，也可以在其他公开课和免费学习网站上进行收集。在学习资源建设方面，高校图书馆还要考虑针对特殊群体建设数字资源，如为离退休教师提供养生保健、疾病预防等在线课程。在大数据时代，高校图书馆要勇于跨界融合，与社会开展多元化合作，拓展服务内容，促进数字资源扩建，使高校图书馆服务更加便捷；加强与数字出版集团的合作，共同协商合作过程中出现的问题，深度解决版权问题，保障数据安全，为读者提供更好的数字资源服务。

第四章

# 高校图书馆的信息化建设

高校图书馆拥有丰富的文献信息资源，是社会信息系统的重要组成部分。20世纪90年代以后，计算机技术在高校图书馆得到广泛应用，极大地促进了文献信息的加工整理和传播利用，使高校图书馆向现代化、信息化方向迅速发展。我国高校图书馆信息网络建设取得了较大发展，高校图书馆信息化建设迈上了新台阶。本章重点围绕高校图书馆信息化发展展开论述。

## 第一节 高校图书馆信息化综述

### 一、信息化

（一）信息化概念

美国和日本等国家十分重视信息化，将创建信息化指标体系纳入政府职能之中，世界上许多国家都制定了信息化政策，其国内信息通道和信息有效性体现了政府的信息价值观念。

信息化概念最早是由日本人提出的，该概念主要包括两方面的内容：一是信息社会即将来临，即发达国家的经济社会已经开始由以实物生产为核心的工业社会向以知识的获取和出售为主要内容的信息社会转变，且这一转变将对劳动者的生存状态产生深刻影响；二是日本认识到了作为资源稀缺国发展重工业经济面临的危险，因此发展一种知识密集型的产业结构成为日本经济的重要选择。此后，以美国为代表的全球信息基础设施计划的开展，又将信息化研究的重点导向技术层面的探讨。

（二）信息化应用

信息化应用是指培养、发展以计算机为主的智能化工具为代表的新生产力，并使之造福于社会的历史过程。智能化工具又称信息化的生产工具，一般必须具备信息获取、信息传递、信息处理、信息再生、信息利用的功能。与智能化工具相适应的生产力，称为信息化生产力。智能化生产工具与过去生产力中生产工具的不同之处是，智能化生产工具不是孤立分散的，而是整个规模庞大的、自上而下的、有组织的信息网络体系。这种网络性的生产工具将改变人们的生产方式、工作方式、学习方式、交往方式、生活方式、思维方式等，使人类社会的各个方面发生极其深刻的变化。

1. 医疗服务信息化

医疗服务信息化是国际发展趋势。随着信息技术的快速发展，国内越来越多的医院正加速实施信息化平台、HIS系统的整体建设，以提高医院的服务水平与核心竞争力。医疗服务信息化不仅提升了医生的工作效率，使医生有更多的时间为患者服务，更提高了患者满意度和信任度，无形之中树立起了医院的高科技形象。因此，医疗业务应用与基础网络平台的逐步融合正成为国内医院，尤其是大中型医院信息化发展的新方向。

## 2. 教育信息化

教育信息化是指在教育领域运用计算机多媒体和网络信息技术，促进教育的全面改革，使之适应信息化社会对教育发展的新要求。教育信息化的核心内容是教学信息化。教学是教育领域的中心工作，教学信息化就是要使教学手段科技化、教育传播信息化、教学方式现代化。教育信息化，要求在教育过程中较全面地运用以计算机、多媒体和网络通信为基础的现代信息技术，促进教育改革，从而适应正在到来的信息化社会提出的新要求，对深化教育改革、实施素质教育具有重大意义。

## 3. 农业信息化

农业信息化是一个内涵深刻、外延广泛的概念，其基本含义是指信息和知识越来越成为农业生产活动的基本资源和发展动力，信息和技术咨询服务业越来越成为整个农业结构的基础产业之一，以及信息和智力活动对农业增长的贡献越来越大的过程。总的来说，农业信息化是指计算机技术、微电子技术、通信技术、光电技术、遥感技术等多项信息技术在农业上得到普遍、系统应用的过程。

从另外一个角度来看，农业信息化是指培育和发展以智能化工具为代表的新的生产力，并使之促进农业发展、造福社会的历史过程。

农业信息化是指人类在农业生产活动和社会实践中，通过普遍采用通信技术、网络技术和信息技术等高新技术，更加充分有效地开发和利用农业信息资源，推动农业经济可持续发展和农村社会进步的过程。

## 4. 企业信息化

企业信息化实质上是将企业的生产过程、物料移动、事务处理、现金流动、客户交互等业务过程数字化，通过各种信息系统网络加工生成新的信息资源，提供给各层次的人们洞悉、观察各类动态业务中的一切信息，以做出有利于生产要素组合优化的决策，合理配置企业资源，使企业能适应瞬息万变的市场经济竞争环境，求得最大的经济效益。

5. 电子商务信息化

现如今很多企业已经拓展了电子商务运营模式，电子商务运营模式推进了企业信息化进程，企业运用现代信息网络技术开展国际合作和交流，实现了企业的经济结构战略性调整，这对提高企业自身社会竞争力和企业品牌影响力都将产生深远的影响。信息化是继工业化之后世界经济的又一场革命，是大数据时代世界经济和社会发展的大趋势。

电子商务和企业信息化是国民经济信息化的重要组成部分。企业信息化是电子商务的基础，电子商务又是企业信息化的助推器。大力发展电子商务，推进企业信息化进程，支持企业运用现代信息网络技术开展国际合作和交流，是实现我国经济结构战略性调整的关键，对于提高国民经济和社会总体水平必将产生深远的影响。

6. 政府信息化

政府信息化是指利用信息技术、通信技术、网络技术、办公自动化技术，对传统政府管理和公共服务进行改革。从理论层面上来说，政府信息化就是工业时代的政府（即传统政府）向信息时代的政府（即现代政府）演变的过程。具体来说，政府信息化就是应用现代信息和通信技术，将政府管理和服务通过网络技术进行集成，对政府信息资源进行开发和管理，以提高政府的工作效率、决策质量、调控能力、廉洁程度，节约政府开支，改进政府的组织结构、业务流程和工作方式，全方位地向社会民众提供超越时间、空间和不同部门限制的，优质、规范、透明、符合国际水准的政府管理和服务。

**二、高校图书馆信息化建设**

高校图书馆信息化是一个从孕育到成熟的过程，是一个继承和发展的过程。20世纪70年代，我国高校图书馆开始应用计算机技术。到了20世纪90年代，我国高校图书馆已经较全面地采用现代信息技术，高校图书馆信息网络建设取得了较大的发展，科学技术对图书馆的效益和贡献达到较高水平，高校图书馆信息化建设迈上了新台阶。高校图书馆信息化的力量是巨大的，高校图书馆已不再仅仅是保存和利用图书的场所，而是正在成为知识信息中心，发挥更大的作用。

（一）高校图书馆信息化的概念及特征

1. 高校图书馆信息化的概念

对于高校图书馆信息化的概念，理论界有多种不同的解释，比较有代表性的有以下几种：

其一，高校图书馆信息化是指高校图书馆在信息的采集存储、加工制作、传递利用等各项工作中，应用计算机、网络、多媒体等现代信息处理技术等手段，对图书馆进行全方位、多角度的改造，以实现信息资源的深度开发和普遍共享，为用户提供最有效的服务，最终产生一定的社会效益和经济效益。

其二，高校图书馆信息化就是高校图书馆不断应用信息技术，深入开发和应用文献信息资源的过程。高校图书馆信息化就是信息技术应用和文献信息资源开发由局部到全局、由内部到外部、由局域到全球不断深化的过程。

有学者提出了狭义和广义两种不同的定义。从狭义上讲，高校图书馆信息化是人或组织在采集、加工、贮存、传递和共享的过程中借助先进的信息处理技术的现代化过程。从广义上讲，高校图书馆信息化是借助信息处理技术的现代化过程，它不仅包括技术设备和工作手段的现代化，而且还包括思想观念、人员素质、组织结构、管理体制、工作内容等多层次全方位的现代化。

最具权威的界定，应是国家信息化领导小组的有关阐述。他们认为，高校图书馆信息化是以信息技术在高校图书馆中的广泛应用为主导，以信息资源建设为核心，以网络为信息传输基础，以信息人才为依托，以法规、政策、标准为保障的综合体系。[①]

2. 高校图书馆信息化的特点

尽管专家、学者对高校图书馆信息化的内涵和外延有着种种不同的认识，但从中可以看出，高校图书馆信息化具有如下特征：

（1）业务操作和管理自动化

高校图书馆工作一般可分为：①藏书的拟定和获取；②编目、分类和具体准备；③检索和参阅；④流通，即馆内资料的库存和借出；⑤馆际的借入借出。所谓高校图书馆自动化，就是利用计算机自动地完成上述工作。

高校图书馆自动化主要包括软件、硬件和人员三个要素，其中软件是自动化的关键要素。对软件的选择直接关系到自动化系统的预期设计目标能否实现。只有依靠软件的支持，才能充分发挥计算机的优越性，提高工作效率和质量。

（2）信息资源存储数字化

信息资源存储数字化包括馆藏资源的数字化转化及网上数字资源的收藏。条目（如图书、期刊、地图、影片或手稿等）的技术处理是高

---

① 姚健、高玉洁、徐玉红、刘玉玺：《图书馆信息化建设》，天津：天津科学技术出版社2014年版。

校图书馆最重要的工作,所需花费也最大。条目的技术处理是指获得条目、编入目录、准备上架、准备书卡、打印书背记号等手续。这些手续所涉及的重要工作是数据处理。数据处理的主要困难是数据（如作者姓名、著作标题等）的长度不同,如果为取固定长度而舍去数据的某些位,又可能导致难以唯一地识别条目。数据之间有着复杂的关系,因此高校图书馆数据处理和储存要采用先进的关系数据库管理系统。

图书馆能否开发各项功能的自动化,取决于其根据文献目录、具体归属和课题内容描述条目数据的水平,因此,美国的图书馆资源协会（CLR）支持有关人员研究把这些数据转换成机器可读形式的方法,从而产生了MARC（机器可读分类）规划,这也成为后来图书馆发展多种功能自动化的基础。

（3）信息资源高度共享

网络化是信息化的重要标志。高校图书馆网络化包括信息资源网络化、信息传输网络化和信息检索网络化。通过网络,任何人都可以与任何国家、任何地方的人直接沟通,能够在全球范围内实现知识共享。

信息资源共享是指各高校图书馆在自愿、平等、互惠的基础上,通过建立高校图书馆与高校图书馆之间、高校图书馆与其他机构之间的各种合作、协作、相互协调关系,利用各种技术、方法和途径,开展共同提示、共同建设和共同利用信息资源,以最大限度地满足用户信息资源需求的全部活动。现在这种共享的范围已经扩大到人们生活的各个领域的文字、数字、文化资源类目的分享和共用。

（二）高校图书馆信息化的内涵

高校图书馆信息化是一个时髦的话题。经过多年的发展,我国高校图书馆信息化已经取得了巨大的发展并日益走向成熟,但仍然存在许多问题，尤其是对于信息化概念的准确理解，学界一直处于探索和争执阶段。从宏观层面来看，高校图书馆信息化应该是一项综合作业，包括硬件技术、软件平台、资源建设、人才建设等全方位的协调发展。通过实现信息化从而优质高效地服务用户是高校图书馆的立足之本。在当前高校图书馆自动化、数字化、网络化等诸多名词层出不穷的情况下，准确把握高校图书馆信息化的内涵，对科学指导图书馆实践具有一定的积极意义。

1. 硬件平台

硬件技术是保证高校图书馆信息系统运行的平台，离开了硬件技术的支持，高校图书馆信息化将无从谈起。不仅如此，硬件技术的层次还直接制约着高校图书馆信息系统运行的质量。因此，硬件技术的科学定位是高校图书馆信息化发展的重要基础，它主要体现在硬件系统的配置，或者说是高校图书馆信息化的硬件系统模式方面。

（1）基本模式

远离网络的单机、多机或者多用户系统模式在前些年较为常见，目前在建的则多为网络系统模式，且已经成为国内图书馆硬件建设的基本模式。这些模式各有特点。对于高校图书馆信息系统运行这种数据源头多、数据处理工作量大、数据加工要求严格、数据传输要求快速、信息反馈对象广泛、信息存储安全性高的工作来说，计算机网络因其具有数据通信、资源共享、分布处理、集中控制、系统可靠等功能特点而拥有诱人的前景。毋庸置疑，将高校图书馆信息化建立在计算机网络技术平台上，远比应用单机系统、多机系统、多用户系统的效率高，这也是实现以高校图书馆信息为中心的管理信息系统集成的根本途径。

（2）发展趋向

从近二十年的发展来看，影响硬件配置模式的原因是多方面的，但高校图书馆需求、管理水平和经费支持是主要原因,这三个方面的原因使得国内高校图书馆的发展呈现两极化的趋势。

首先,单从需求看,我国社会整体信息化发展程度不高,社会对高校图书馆信息化的需求小,而图书馆内部管理层对图书馆的服务要求往往也只是为读者提供阅借服务。这样,一些经费不是很宽裕的高校图书馆,倾向于采用投资较少的服务器终端管理模式甚至手工管理模式,提供简单的借阅服务,这样可能更符合这类高校图书馆的实际情况。其次,某些高校图书馆内部管理水平低下。虽然其中部分高校图书馆管理层可能已经意识到信息化的重要性,但是远未做到能够将信息作为一种资源进行科学管理。由于对将丰富的馆藏资源转换为有价值的电子信息缺乏强烈的渴望,这类高校图书馆的工作目标并不明确,更不知道如何更新信息。在这类管理水平低下的高校图书馆,以信息资源为核心的共建共享完全只是空谈。最后,经费的支持是高校图书馆网络状况的一个决定因素,是高校图书馆实现宏伟目标和理想的基石。

不容否认,国内高校图书馆界现在还有另一种很不好的倾向,那就是贪大求全、盲目攀比。一些得到财政大力支持的新建或改建的高校图书馆网络,一味地脱离实际,追求先进和高档,无论是服务器的档次还是交换机的选型,无不向电信、银行部门看齐,根本不去考虑自身数据的拥有量和建设能力。事实上,无论是数据的交换量还是网络运行的安全要求,绝大多数高校图书馆网络无法与电信等部门相提并论。但追求世俗的完美掩盖了实际的需求,加之先进气派的网络往往更容易成为政绩而变成某些领导升迁的敲门砖。所以,高校图书馆所面临的荒诞处境,往往一方面是窘迫财政的倾力支持,另一方面是巧立名目下的无度挥霍。

### (3) 技术平台

网络和数字技术的发展,逐步改变了高校图书馆生存的环境,对高校图书馆信息化产生了极大的冲击。高校图书馆只有充分利用网络平台的技术优势,实行动态管理和科学决策,才能提高工作效率和社会效益。在设备的选择上既不能贪大求全,脱离实际,也不能远离网络,闭门造车。要将恰当适中的配置和及时的维护更新结合起来,选择适合读者实际需要和高校图书馆固有特色的网络技术,搭建相应的技术平台,使高校图书馆各项业务处理与现代技术密切结合,这样才能从根本上满足高校图书馆管理的需求。

之所以强调将适中的配置和及时的更新结合起来,是因为在实践中高校图书馆往往存在对新购硬件的重视和对及时更新的漠视,导致本应优秀可靠的硬件常常因为不能得到及时的设备维护更新而逐渐变成一堆废铁,造成更大的浪费。

### 2. 应用软件

### (1) 功能定位

我国高校图书馆自动化应用软件经过二十多年的发展,已由实验开发阶段发展到集成化阶段,现今已进入集成化向网络化发展的初步阶段。传统的高校图书馆管理软件以采、编、流、检作为软件设计的基本模式,通过各模块之间的有机合作来体现高校图书馆读者服务的社会角色。随着时间的推移和技术的进步,这一模式越来越演化为高校图书馆信息化整体中的一个局部。办公自动化、全文检索、数据库服务、网上读书、远程教学、在线交流、视频点播等,高校图书馆无论是服务方式还是角色定位,都越来越社会化和公众化。换言之,高校图书馆管理软件除了要保留、扩展、加强原有的功能外,还要通过增强网络信息咨询和信息检索功能来体现高校图书馆信息化的社会价值。

(2) 发展趋向

多层次、商品化将是我国高校图书馆软件发展的主要方向。在未来较长一段时间内，高校图书馆软件市场仍将具有以下特点。首先，由于商品化步伐的加快，高校图书馆应用软件在设计的成熟性、技术的先进性、性能的稳定性、版本更新速度、功能扩充能力以及售后服务质量等方面都在不断提高。其次，高校图书馆对软件需求的层次将逐步拉开，中小型高校图书馆与大型高校图书馆的需求差异已经明朗。一方面，高校图书馆信息化在中小型图书馆中远未得到充分发展，这些图书馆对性能价格比的关注将推进小型图书馆软件的进一步发展。另一方面，由于大型图书馆管理软件对软件质量、软件升级和售后服务的重视，满足了大型高校图书馆的高端需求，因此，高校图书馆软件向著名品牌集中的趋势也将愈演愈烈。

(3) 技术定位

高校图书馆应用软件的介绍与比较研究，在美国的专业杂志上发文颇多，其中有不少观点是我国可以借鉴的。融合多种先进技术是我国高校图书馆信息化走向世界的领先策略。在技术定位上，研发人员不能只注重高校图书馆软件研制本身的技术特征，而忽视高校图书馆软件内含的技术水平，尤其应强调技术先进性。技术先进性指在高校图书馆信息系统中，融入先进的管理技术和管理理念，通过高校图书馆信息系统的先进性带来高校图书馆管理水平的进步和社会效益的提高，从而满足读者的需求。在软件的选择上，既要有合适的平台，又必须在完备数据的环境下运行，绝不能孤立地进行软件配置。过去我国高校图书馆在这方面获得的教训是很深刻的，值得我们充分重视。

3. 资源建设

资源建设是高校图书馆信息化的物质源泉，但也最容易被热衷于高校图书馆网络硬件建设的人们所忽略。传统高校图书馆的社会地位，主要由其馆藏规模和独立向读者提供服务的能力所决定。因此，建立系统而完整的馆藏文献资源体系，是一个图书馆的核心任务。在大数据时代，要评价高校图书馆的工作水平，就是看其组织社会各类信息的能力如何。因此，高校图书馆信息资源建设的重要性不言而喻。

从高校图书馆信息化的历程来看，将硬件、软件、资源三个方面作为一个有机整体来全面规划和安排是有诸多好处的。三者中，硬件一般在新购入时是受重视的，但人们却又常常会忽略对其进行更新维护，也易忽视它和软件的恰当匹配；资源是容易被忽略的，常常在规划和建设时没有被放到应有的重要地位，甚至没有被认真考虑，特别是在网络环境下，高校图书馆的信息资源建设很难落到实处、走上正轨。

（1）现实状况

我国高校图书馆整体发展不平衡，以及管理体制条块分割，导致馆与馆之间文献信息资源分布不合理，且自成体系，往往存在重复收藏现象，未能形成有效的资源配置机制，直接影响了高校文献信息资源的科学建设和有效利用。为此，应立足文献资源宏观建设，建立起一个系统、各门学科、各种载体有机结合的文献信息资源保障体系，发挥整体效能，这是我国高校图书馆界的当务之急。

（2）发展趋向

在文献信息资源日益丰富的今天，海量信息、海量存储、数字图书馆等各类名目繁多的名词令人眼花缭乱，同时，高校图书馆所收藏和加工的传统文献信息资源也在成倍增长。从共建共享的角度看，高校图书馆是国家信息港建设的重要组成部分，有能力也有义务成为社会各类文献信息资源的整合中心。

(3) 资源建设要求

适应性。高校图书馆信息资源的建设同高校科研发展水平相适应，同高校师生的信息需求能力相适应。既能满足校内绝大多数读者的信息需求，又能符合经济适用的原则。

特色化与协调性。特色化亦即专业化，是对单个高校图书馆入藏文献的有意限制。各个高校图书馆应依据该馆实际情况，结合本校读者需求特点，在统筹规划下，有选择地在学科重点、文献类型等方面形成自身的馆藏特色。各馆的特色文献参与全社会范围内的资源共享，共同建立起完善的资源保障体系。

整体性。杂乱无章、重复堆积的信息并不能形成信息资源。优化馆藏文献结构，丰富入藏文献载体，科学调整文献入藏比例，对传统文献资源、网络信息资源进行科学整合，是高校图书馆文献信息资源建设的主要任务。

文化传承性。在当前信息技术持续发展的前提下，图书馆作为保存人类文化遗产、传承人类文明的重要场所，其作用将益发凸显。文化传承性也将赋予高校图书馆永恒的生命力。

4. 人才建设

人才是高校图书馆信息化的决定性因素，如果说硬件、软件、资源建设使得图书馆具备了信息化的基本条件，人才因素则是促使高校图书馆真正实现信息化的唯一通道。

(1) 现实状况

目前，整个高校图书馆界都面临着一个窘境。一方面，高校图书馆冗员众多，机构臃肿，效率低下；另一方面，高校图书馆严重缺乏业务能力强、知识结构良好的信息化人才。由于高校图书馆工作岗位被大量不合格人员占据，表现在就业市场上的饱和更多的是一种体制性饱和。

这部分高校图书馆工作人员大多不具备深层次文献资源的开发能力、信息导航能力和为科技人员服务的创新能力，对高校图书馆队伍的改造和重建已经刻不容缓。

（2）素质要求

信息技术的合理定位与高校图书馆的人才培养息息相关，这一问题的关键由高校图书馆对馆员的期望素质、对信息资源的整合需求及服务需求来决定。高校图书馆人才培养包括很多方面的能力培养，如创新能力、学习能力、信息意识等，但对其基本素质的培养应着眼于两个基本方面，即计算机使用基础和信息服务能力。合格的高校图书馆人才培养体制可通过实行严格的职业准入和任职资格制度来实现。

（3）计算机使用基础

包括硬件使用基础和软件使用基础，核心是掌握基本的操作和技术，对于高校图书馆馆员来说，只需能够熟练应用计算机完成日常工作，并不需要成为特别的信息技术专家。

（4）信息服务能力

服务是高校图书馆活动的核心，是体现高校图书馆信息资源活动价值之所在。信息服务能力应是高校图书馆馆员最大的资本和最重要的能力，他们通过对各类信息资源、信息外表特征、内容特征的深入加工以及分析与重组，从问题的不同侧面来思考和解决问题，馆员的这种能力也体现着图书馆的社会服务能力。

5. 对高校图书馆社会角色的认识

在对高校图书馆信息化进行思考的同时，正确认识高校图书馆的社会角色很有必要，这决定着高校图书馆事业发展的最终走向。

有人认为，在多元化、多种媒介并存、人们对信息知识与文化需求日益迫切的网络信息环境下，高校图书馆应该是一个经营多种媒介的开放式、多功能、综合性的文化、教育、信息和娱乐中心,是大众获取信息、接受教育、品味文化和享受娱乐的地方,还有人主张图书馆应该转为以计算机处理和数据库开发经营为主的信息服务和咨询产业等,这些观点也具有一定的代表性,在巨大的生存压力下,图书馆的角色地位正在面临挑战。

但我们应该清醒地看到,把网络环境下的图书馆定位为信息产品的生产者或产业化的信息公司是不可取的,图书馆的确需要开发和生产信息产品,但这只能是图书馆服务内容的扩展和深化,把它作为图书馆生存和发展的基本点既是不科学的,也是片面的。这种观点对网络环境的理解有些极端和脱离现实,在图书馆定位上过于强调技术环境和图书馆视角而忽略了社会环境与用户视角,虽然试图给图书馆重新定位却偏离了图书馆的生存根基。事实上由于内外客观条件的限制,相对于图书馆的社会教育功能而言,信息服务功能有时甚至处于相对劣势的地位,发展空间更为狭窄,因此产业化信息服务公司是一种"扬短避长"的选择。正如荷兰专家舒茨(P. J. THSchoots)认为的那样,"我们在试图给已经发生变化和寄予我们理想的图书馆重新命名时(如电子图书馆、无墙图书馆、逻辑图书馆、信息中枢等等),却正在放弃已经存在数百年的图书馆这一最贴切最美妙的名称"。

图书馆的本质是人文学科,在过去、现在和将来,它都不是什么技术的产物,图书馆的历史使命是传播人类文明,图书馆的社会责任是广布科学文化,而技术只是其手段之一。

从印度图书馆学泰斗阮冈纳赞(S. R. Ranganathan)的图书馆学五定律(书是供使用的;每个读者有其书;每本书有其读者;节约读者的时间;图书馆是一个成长着的有机体)到美国图书馆学家克劳福德(W. Crawford)和戈尔曼(M. Gorman)的新图书馆学五定律(图书馆

为人类服务；尊重知识交流的所有形式；聪慧地利用技术加强服务；保护对知识的自由存取；景仰过去，创造未来）我们都可以领悟到，用优质的服务来赢得读者的信任和社会的尊重，才是图书馆的立身之本。尤其在时下各种有关图书馆数字化、网络化、信息化的炒作纷至沓来的时候，保持平常心，正确看待图书馆的社会角色，的确有着非凡的意义。

信息化是个宽泛的概念，对其做出准确的描述是比较困难的，尤其是图书馆信息化。我们应该明白的是，网络环境虽然改变了图书馆的外部技术环境和内部工作，但图书馆的服务宗旨应该不会变，通过实现信息化从而优质高效地服务社会才是图书馆发展的根本。对图书馆的信息化步伐进行不切实际的幻想或定位，非但不能摆脱图书馆目前的困境，反而有碍于图书馆脚踏实地谋发展，尤其是在我国这样的发展中国家。图书馆是提供社会公众使用的图书馆，绝不仅仅是一堆昂贵设备的堆砌与展示。

## 第二节 高校图书馆信息化建设基础理论

### 一、图书馆信息化发展现状

（一）国外图书馆信息化发展现状

美国于1994年投入2440万美元，进行"数字图书馆启动计划"研究，1998年又启动了该项目的二期工程。1995年美国国会图书馆投资6000万美元实施"美国记忆"项目，计划完成500万件历史馆藏的数字化，使所有的学校、图书馆、家庭同那些公共阅览室的长期用户一样，能够任意从自己所在的地点接触到这些对他们来说崭新而重要的资料，并按个人的要求来理解和使用这些资料。美国北卡罗来纳州立大学图书馆开发了一种系统，将用户参数信息及图书馆资料都以数据库的形式存贮在与 Web 服务器相连的数据库中，这种体系结构具有良好的稳定性、可靠性、安全性和高效的服务能力。用户能查阅图书馆目录及借阅记录，进行馆际互借和原文传递，还可以实现快速检索（如只查某一学科方面的资料）和定制图书馆资源等。

俄罗斯在经济没有恢复的情况下，政府计划于 1999—2004 年间每年出资两亿卢布支持数字图书馆研究。1995 年，俄罗斯图书馆协会同俄罗斯联邦文化部协商后，决定制定作为国家图书馆标准的国家图书著录格式与书目机读格式。1998 年俄罗斯联邦文化部下达了"关于使用俄罗斯公共机读目录格式"的第 45 号令。后来，文化部又制定了统一的能够同国际机读目录格式交换的"RUSMARC"机读格式，制定了作者及标准数据库的公共格式，并把在全俄图书馆范围内使用统一的标准整合信息作为该国图书馆信息化的进一步目标。

韩国也很重视数字图书馆建设所需的各种标准方案，认为通过开发和提供标准软件，制定信息流通方式、电子出版标准、通信网协议、书目数据信息库的构筑方式等方面的标准，是共享国家知识信息资源的先行条件。

（二）国内图书馆信息化发展现状

如前所述，图书馆信息化是指图书馆充分利用信息技术，开发利用信息资源，促进信息交流和知识共享。全面回顾我国图书馆信息化建设历程，对于促进我国高校图书馆未来信息化建设具有一定的现实意义。

1. 20 世纪 80 年代初期—20 世纪 80 年代中期

20 世纪 80 年代初期，我国计算机技术和信息技术特别是汉字处理技术都还处于比较低的发展阶段，但人们对图书馆信息化建设的认识逐渐提高。这一阶段我国图书馆信息化建设主要从提高认识、建立组织、培训人员、配备设备、争取领导的重视和支持、研究探讨和个别图书馆研制试验系统等方面进行了探讨。1981 年 12 月，在全国高校图书馆计算机应用座谈会上，与会专家强调：必须不失时机地把计算机在图书馆中应用的问题提到重要的议事日程上来，进一步加强领导，全面规划，统筹协调，稳步地、扎扎实实地把这件工作做好。

1985 年 12 月，中国图书馆学会学术工作委员会现代化研究组召开了"电子计算机在图书馆应用学术讨论会"，与会代表交流了各自应用计算机的情况和经验。这一阶段我国图书馆信息化建设主要取得了以下成绩。第一，北京图书馆、中国科学院图书馆、北京大学图书馆、清华大学图书馆、中国人民大学图书馆、中国图书进出口公司六家单位联合建立了 MARL 协作组，学习研究和开发利用美国机读目录通信格式标准 LCMARC，引进了磁带库，建立了中国 MARL 模拟系统。第二，中国科学院图书馆、南京大学图书馆和北京大学图书馆分别率先举办了培训班，为图书馆培养计算机应用人员。1982 年 5 月，北京大学举办"图书馆自动化讲座"，并邀请加拿大专家周敏民讲学。第三，北京图书馆、中国科学院图书馆和一些高校图书馆开始调入或购买计算机，特别是在 IBM-PC 引进我国以后，有很多图书馆购买了微型计算机。第四，1982 年 5 月，在北京地区高校图书馆学会的指导下，第一次图书馆自动化专业学术会议在北京召开。复旦大学、上海交通大学等十几个单位组成上海市高校科技情报检索网络科研协作组，在上海市高教局的领导下，开始了上海地区科技情报检索网络的筹建工作。第五，北京图书馆、中国科学院图书馆和少数高校图书馆开始研制试验性的系统，除南京大学的 NDTS-78 外，还有北京图书馆的 MARL 系统、清华大学的西文图书目录检索系统（QBRS）、北京大学的北京地区西文新书通报系统和西文图书采购系统、上海交通大学的西文期刊管理系统、复旦大学的条形码流通系统、北京师范大学的西文图书目录检索实验性系统等。武汉大学还利用 IN-SPEC 数据库和 FAIRS 情报检索软件，开展了定题服务（SDI）。这些试验性系统的研制，为高校图书馆自动化建设和科学发展积累了一定的经验。

通过这一阶段的工作，至 1982 年，一些图书馆（主要是北京图书馆、中国科学院图书馆和重点高校图书馆）初步建立起自己的专业队伍，配备了可以进行试验的计算机（北京图书馆是中型机 M150-H，其他主要是微机），并取得了一批研究成果。更为重要的是，我国图书馆界在思想上对一些方向性的问题取得了初步的共识，即我国图书馆必须从传统服务方式向现代化服务方式过渡，而现代化又应以信息化为中心；图书馆有必要建立既懂得计算机又懂得图书馆业务工作的自动化队伍；图书馆应有自己的计算机作为实现自动化建设和科学发展的物质基础。

2. 20 世纪 80 年代中期—20 世纪 80 年代末期

这一阶段我国图书馆开始了实现信息化的行动。北京图书馆、北京大学图书馆开始将通用机读目录格式（UNMARC）汉化，并且以此为依据制定中国的机读目录格式。尽管当时北京图书馆的 MARL 格式不是很标准，但它被图书馆界所认可。此后，北京大学图书馆于 1976 年引进美国的 VAX-750 机，北京图书馆在 1979 年引进日本的大型 ACOS-630 系统。根据全国高校图工委 1988 年的统计，全国已有 232

所高校图书馆配备了小型机、微型机等共395台,这些设备以微机为主,有364台,并且已有专业干部462人。这一阶段,我国各图书馆开展了研制图书馆应用系统的工作,并取得了丰硕的成果。全国高等院校图书馆也在图书馆的流通、采访、编目、期刊管理、书目或文献检索以及内部管理等方面开展了计算机应用的研究。1986年4月,清华大学组织全国300余所高校学报建立的"全国高校自然科学简报论文文摘数据库"通过鉴定。1986年6月,南京大学的"激光条形码计算机中文图书流通管理系统"通过鉴定并投入运行。北京师范大学的"图书馆流通系统"和"计算机辅助教学系统"也于1986年11月通过鉴定并投入运行。北京大学在原北京地区西文新书通报的基础上发展的"机编西文图书联合目录计算机系统"于1987年11月通过鉴定。1987年,北京图书馆新馆建成,该馆将30万册中文图书实行开架借阅,用小型机PDP11/73进行流通管理,还采用经过汉化的德国软件CLSI。1988年,成都科技大学和东北电力学院的微机集成系统也通过鉴定。这些研制成功的系统投入了实际运行,收到了较好的效果。《中国高校自然科学学报论文文摘》磁带被美国DIALOG接受试用,这是我国图书馆自动化成果打入世界的开端。可以说,这一阶段是我国图书馆自动化建设取得丰硕成果的阶段。1988年9月初在北京召开了"全国高校图书馆计算机应用经验交流会"和"全国高校图书馆计算机应用成果展示会",这是对我国高等学校图书馆计算机应用情况的一次大检阅。有51人参加了这次经验交流会,22个单位进行成果展示,共展出43个自行研制或引进的项目。这次展示会在一定程度上反映了当时全国图书馆的信息化水平。虽然这一阶段我国图书馆信息化水平有了一定的提高,但也有许多不足之处:一是我国图书馆信息化工作缺乏统一的规划和协调;二是软件研制和数据库建设分散重复,软件通用性差,数据格式不标准等，未能实现资源的共建共享。总之，我国图书馆信息化建设还需进一步向前推进。

3. 20世纪90年代初期—20世纪90年代中期

这一阶段，我国图书馆信息化建设有计划、有组织地进行着。原国家教育委员会（以下简称国家教委）教材和图书情报办公室（以下简称教图办）和高校图工委对今后的图书馆信息化工作提出了一些建议：实现资源共享和网络化，进行整体化和实用化建设。由于得到国家教委教图办的科研经费支持，各高校图书馆加快了研制图书馆信息化系统的步伐。北京图书馆也制订了全面实施自动化的计划，如发布了《计算机综合管理系统概要》等。中国科学院图书馆也于1991年1月3日提出了全面的发展计划——《中关村地区文献信息系统开题报告》。在这一阶段，我国图书馆信息化建设处于稳步推进的过程中。

4. 20世纪90年代中期至今

这一阶段，我国图书馆信息化建设主要从以下几方面展开。

图书馆网络建设。主要的图书馆网络有中国教育科研网（CERNET）的中国高等教育文献保障系统、依托于中国科学院计算机网络的科学院文献信息系统、珠江三角洲地区图书馆网、广东高校图书馆网与原文化部建立的中国图书馆信息网络（CLINET）等。

信息资源建设。主要由国家教委开展的"文科文献情报中心"建设，重点建立了北京大学、复旦大学、武汉大学、吉林大学、四川联合大学五个中心书库，在西文图书联合编目方面也取得了较大成果，实现积累书目数据6.5万余条，通过中国教育和科研计算机网提供网上服务。1995年，北京图书馆牵头开展了"新中国成立后中文图书书目回溯建库"项目。《中国机读目录格式》于1995年4月通过鉴定，并由原文化部定为行业标准。北京图书馆在修订《中国图书馆图书分类法》

三版的基础上，编制了《中国分类主题词表》，并于1996年8月通过专家鉴定。

计算机设备的配置。中国科学院系统的103个图书情报单位都已配备了计算机。高校图书馆也在大量配置计算机设备。以北京市为例，1995年，北京市93所高校中已有62%以上的图书馆应用了计算机。公共图书馆也添置了计算机设备。

图书馆自动化建设的实践。从1995年开始，北京图书馆受原文化部图书馆司委托，专门对图书馆主管技术的副馆长进行计算机应用技术的培训。从技术层上看，我国图书馆现有的数据库建设规模小、水平低，各馆自行建立的数据库和文献库标准化程度不高、通用性差。我国要在大型的集中式联机处理模式的管理系统研制上花大力气，尤其要加强对中文信息化处理标准规范的研究，尽快出成果，并投入运行，改变目前使用语言系统和网络环境千差万别的现状，实现资源共享。从管理层上看，我国图书馆信息化建设缺乏统一管理、统一规划。各图书馆之间各自为政，缺乏有效的沟通和合作，且存在重复建设的现象。图书馆在立足公益性信息服务的同时，也要向社会提供增值性信息服务，以获取社会资金的支助。此外，图书馆还应制定图书馆信息化规范性、政策性的文件，以确保我国图书馆信息化健康发展。

## 二、数字图书馆及现实图书馆建设

### （一）数字图书馆

#### 1. 数字图书馆的认知

数字图书馆是一项崭新的事物，其兴起并非源自图书馆自身，而是由信息化社会的不断发展造成的。数字图书馆的出现给高校图书馆事业的发展带来了新的契机。尽管人们对于数字图书馆的认识还不是很一致，但数字化对高校图书馆的巨大影响是无法回避的事实。目前国内有关研究数字图书馆的文章已开始从图书馆学的角度来描述、定义数字图书馆，代表性的观点主要包括以下内容：

（1）数字图书馆就是以数字的形式存储和处理信息的图书馆。

（2）数字图书馆是指图书馆所有的工作流程都依赖计算机进行，且馆藏资源都实现数字化。

（3）数字图书馆即指拥有电子文献并提供相应服务的图书馆，是传统图书馆在信息社会中的逻辑延伸和扩展。

（4）数字图书馆就是图书馆馆藏实现数字化管理，并提供上网服务，供读者随时随地查阅文献信息。

（5）数字图书馆是指通过多种技术将各种文献数字化，并将其组织起来形成在网上提供信息服务的信息中心或数据库。

（6）数字图书馆一般而言是指利用当今先进的数字化技术，通过国际互联网等计算机网络，使人数众多且又处在不同地理位置的用户能够方便地利用信息资源。

（7）数字图书馆是一个数字化系统。它将分散于不同载体、不同地理位置的信息资源以数字化的形式储存，以网络化的方式互相连接，提供及时的服务，实现资源共享，其核心是数字化和网络化，其实质是形成有序的信息空间。

（8）数字图书馆是一个大系统，它具有分布广泛的、大规模以及有组织的数据库和知识库，用户或用户团体可对系统内的数据库和知识库进行一致性访问，以获得自己所需的最终情报。

（9）数字图书馆是保存以数字格式存储的电子文献并通过计算机和网络传递其所藏的数字化信息，同时对网上信息进行虚拟链接并提供服务的信息机构。

（10）数字图书馆就是对各种有价值的信息，包括网上电子信息和多媒体信息等进行搜集、整理和规范性加工，以标准化方式进行保存、维护和管理，以计算机可读形式提供各种信息的检索与传播，并提供在广域网上跨库连接的电子存取服务的机构。

（11）数字图书馆是在网络环境下，利用数字化技术手段，使用规范化的方法整理加工信息资源，供用户使用的机构。

（12）数字图书馆是经过组织的数字化信息集合，它将图书馆与档案馆开展的信息构建和搜索工作与计算机实现的数字化描述融为一体。

（13）数字图书馆是经过处理的信息集合，它提供相关的服务，其信息以数字形式存储，通过网络存取。

（14）数字图书馆是通过电子、数字手段直接或间接组织和展示信息对象，并支持用户处理信息对象的服务系统及信息对象的集合。

（15）数字图书馆是以数字形式存储和处理信息的图书馆，即对有高度价值的图像、文本、语言、音频、影像、影视、软件和科学数据等多媒体信息进行搜集，组织规范性加工，进行高质量保存和管理，实现知识增值，并提供在广域网上高速横向跨库连接的电子存取服务，服务内容包括知识产权、存取权限、数字安全管理范畴等。因此，准确地说，数字图书馆是超大规模的可以跨库检索的海量数字化信息资源库。

上述定义反映了国内外学者在数字图书馆建设实践中，对数字图书馆概念认识的不断深化，也反映出我国数字图书馆建设的发展历程及方向。其中，把数字图书馆看成传统图书馆的一种逻辑延伸和扩展，无疑是正确的。部分定义也突出了数字图书馆以数字形式存储信息、在网络环境下工作、提供信息服务、本质上是信息机构等特征。

2. 数字图书馆的特征

数字图书馆的特征主要有六个方面：海量存储和媒体多样化、具有良好的网络应用环境和网络应用管理、具有智能化的数字信息资源检索软件、拥有多种媒体介质和多种语言、强大的信息传播和服务模式、搜索引擎和全文检索。另外，有的学者也将信息实体虚拟化、信息资源数字化、信息制作规划计划化、信息传递网络化、信息利用共享化、信息提供知识化列为数字图书馆的特征。

数字图书馆建设是一个长期、渐进的过程，数字图书馆的概念也将随之不断发展、充实。同时，技术的发展也会促进数字图书馆概念的变化和发展。在建设数字图书馆的实践中，数字图书馆概念必将拥有更加丰富的内涵。

（二）数字图书馆与现实图书馆建设的关系

中国的数字图书馆不仅仅是数字化的图书馆，更应该是中华文化的传播媒体，是文化产品的网络商务平台，是国家数字资源组织、开发和利用的基础，是网络文化中心和网络文化的集散地。数字图书馆作为大数据时代图书馆的发展方向，具有传统图书馆无法比拟的优越性，主要表现在以下方面：

其一，数字图书馆是虚拟与现实相结合的，大量的数字化信息存储在无数个磁盘存储器中，通过计算机网络连接形成的一个联机系统，与传统图书馆相比，其占用的物理空间相对较小。

其二，数字图书馆收藏数字形式的信息，除纸质的书刊资料外，还收录其他一切可以数字化的信息，如视频资料、音频资料、计算机程序等，以满足读者的多种需求。

其三，数字图书馆可以对传统图书馆中的珍贵资料进行数字化处理,将原件保存在更适宜的环境中,同时,数字化的资料实现了对原件的复制,因此并不影响传统的查阅。

其四,使用数字化图书馆的用户可以不必到馆,只需通过电子邮件或电子咨询台就能与图书馆专业人员联系。数字图书馆的服务质量取决于软件设计、图书馆专业人员回应用户的速度和质量、数字化信息的制作、网络的传播速度及人性化界面的设计等。用户也可以直接通过电脑登录至数字图书馆的主页,随意浏览、查询、下载、打印有用的信息。

其五,数字图书馆扩大了读者范围,实体图书馆由于读者对象与地理位置的限制只能为少数人服务,数字图书馆则允许读者在任何地方、以任何身份进入图书馆自由查询。

相对于传统图书馆,数字图书馆的确具有无可比拟的优势,但部分人误以为数字图书馆的出现会导致图书馆虚拟化和实体图书馆不复存在。这种观点有些绝对化,虽然数字图书馆具有强大的优势,可以不受时间、空间的制约,真正实现即时的信息资源共享,但是任何事物都具有两面性,数字图书馆也同样存在一些局限性和脆弱性。

数字图书馆的缺点主要包括:数字化信息存储载体寿命有限;网络化的读取方式带来一些新的不安全因素;以数字化方式存储的软件,对读取信息的硬件设备有一定要求;一份文件或一本图书转换成数字化形式后,其内容可能失真,无法保持原样;以数字化方式存储起来的信息,往往不能直接阅读,必须借助计算机,而这并不符合人们长久以来形成的阅读习惯;以数字化方式存储的信息,极易受到外力的干扰和破坏,存在安全问题;数字化信息的录入和读取,将会涉及版权、使用费用等诸多问题。

从以上对数字图书馆的分析可见,虽然数字图书馆改变了传统图书馆的静态书本式文献信息服务特征,实现了多媒体存取、远程网络传输、智能化检索、跨库无缝链接,创造出超时空信息服务的新境界,但其在发展过程中也逐渐显现出了自身的劣势和许多难以解决的技术性、安全性问题。同时,许多非技术性因素也严重制约着数字图书馆的发展。

从宏观上看,数字图书馆的劣势正是传统图书馆的优势,而数字图书馆的建设是以传统图书馆为基础的。各国目前正在进行的数字图书馆建设,主要由图书馆界在承担,数字图书馆的馆藏内容即各种数据库的内容,必将包含传统图书馆原有馆藏中的精华部分。可见,数字图书馆是在传统图书馆基础上发展起来的,是对传统图书馆的补充和延伸,与传统图书馆的作用、目的和任务相同,但又有着传统图书馆无法比拟的优越性,是未来图书馆的发展方向。数字图书馆与传统图书馆并不是互相排斥的,而且有很大的互补性。所以,作为各种信息和知识资源集散地及读者服务中心的现实图书馆是必然存在且不可或缺的。

在大数据时代,图书馆数字化趋势明显,馆藏中数字化资源的占比会越来越大,但要建成纯粹意义上的数字图书馆,还需要经过一个相当长的过程。在可预见的未来,现实图书馆必然长期存在。国内外学术界对现实图书馆存在和发展的基本形态已大体达成共识,认为数字形式与现实形式相结合的复合图书馆将在相当长的一段时期内成为图书馆的主要存在形式。

**三、高校图书馆信息化建设趋势**

随着大数据时代的来临,计算机通信、多媒体技术的高速发展,高校图书馆面临着巨大的挑战。以印刷型书刊资料为主要收藏对象的传统高校图书馆,将难以适应数字时代的要求。信息载体的数字化和信息传播形式的网络化,推动着高校图书馆管理与服务方式的变革和发展,加快了高校图书馆信息化的进程。

在大数据时代，信息化建设仍旧是不变的主题。鉴于图书馆在人类迈向信息社会过程中所起的重要作用，世界各国都纷纷提出了数字图书馆计划。数字图书馆的建设与发展对各国来说都具有重大的现实意义，它是知识经济的重要载体，也是国家信息基础设施的重要组成部分，还是未来高校图书馆发展的大方向，在高校图书馆信息化建设中发挥着重要的作用。

建设高校数字图书馆是一项巨大的社会工程，主要包括高校图书馆数字化资源的建设、高校图书馆信息资源的共建、高校图书馆专业人才的培养以及高校图书馆信息化建设的规范等方面。

(一) 高校图书馆数字化资源的建设

数字技术正在改变人类赖以生存的社会环境，使人类的生活和工作环境具备了更多的数字化特征，社会的信息化程度日益提高，这也对高校图书馆的发展提出了数字化建设要求。

数字技术和网络通信技术的发展使更多的人接触到先进的科技成果，让各种文化的交流建立在快速、直接、个人交流的基础上。信息手段的革命实质上就是数字信息资源的革命。正是数字技术使通信业、传媒业、信息业融合为一，并且在拆除各种传统通信媒介之间的壁垒、使之成为统一载体的同时，也极大地刺激了大众对信息内容的需求，引发了内容产业大规模媒介转移与资源整合的浪潮，信息内容革命由此产生。欧洲学者将此次信息内容革命称为信息社会的第二发展阶段，以内容为主的信息社会代替了以网络为主的信息社会。

信息内容革命在世界范围内的出现，引发了世界性的、面向数字时代的文化媒介迁移运动。发达国家竞相将本国文化遗产大规模转换为数字形态进行存储,为未来参与国际信息内容市场竞争奠定基础。而作为数字信息资源最主要和有效的组织形式,数字图书馆也成了信息内容建设中的标志性项目。

数字图书馆成为信息内容革命时代的标志性项目,具有其内在的必然性。图书馆的形式与人类在各个社会阶段学习、利用、搜集、发现信息的不同形式和信息技术手段的发展水平密切相连。比如以印刷的纸本文献为主要馆藏内容的传统图书馆就是在造纸术和印刷术的基础上产生的。而当数字技术手段作为一种新的信息技术手段出现后,传统图书馆也将逐步发展为数字图书馆。

以传统图书馆馆藏内容数字化为中心的文化内容媒介转移,是将传统文化资源开发成经济资源的必要步骤,实质上是为空前规模的产业整合准备条件,具有巨大的经济意义。

数字化资源建设对中国经济有拉动作用,主要体现在信息数字资源的建设对中国软件产业发展的促进作用上。首先,在信息搜集、中文多媒体信息处理、数据整理加工、数据提取等方面,中文软件产业有着巨大的市场发展潜力。同时,数字化资源的建设可带来成本的节约,促进企业、医疗、社会保障、公用事业等行业应用软件的发展。此外,数字化资源建设还能促进信息深加工、信息服务业、信息产品制造业的发展,满足文化市场的需要;能促进信息产业产品,特别是网络接入产业强有力的发展。比如网络终端在促进互动电视产业发展方面做出了巨大的贡献,为网络终端产业适应中国市场提供了极大的机会。[1]

高校图书馆作为我国图书馆事业中不可或缺的一部分,也应承担起建设数字化资源的关键责任。目前,高校图书馆的数字化资源建设主要

---

[1] 谭亮、黄娜:《高校图书馆信息化建设问题及创新对策探究》,长春:吉林大学出版社2019年版。

包括馆藏文献资源数字化、购买数字化产品和网上文献资源馆藏化三个方面。馆藏文献资源数字化指高校图书馆将印刷型、缩微型、视听型文献以及电子出版物等馆藏文献以数字化形式发布到网上，成为网上信息资源的一部分，并利用已有馆藏和网上资源建立各种数据库以及媒体资源库。购买数字化产品指高校图书馆购买电子期刊、电子图书和数据库等。网上文献资源馆藏化则是指图书馆馆员利用自身的专业优势，充分了解网上资源分布状况和熟练掌握获取网络信息方法，搜寻、分辨和筛选网上信息，建设虚拟图书馆平台，为读者提供网络信息导航，方便读者利用网上信息资源。

(二) 高校图书馆信息资源的共建

高校数字图书馆的信息资源不能孤立存在，真正意义上的高校数字图书馆必须要与整个数字图书馆系统里的其他数字图书馆存在信息交换。从宏观上看，高校数字图书馆的信息资源隶属于全球数字图书馆系统，是社会信息资源的一部分。因此，高校数字图书馆文献资源建设也不仅是本馆的资源建设，更是整个社会信息资源建设的一部分，必须和其他部分资源建设保持整体性和统一性。我国在高校数字图书馆的建设方面必须强调国家的宏观调控，进行统一的规划与协调以及分工合作，打破部门和地区的隔阂，有计划地开展工作。

高校数字图书馆的文献资源建设必须坚持共建共享的原则。任何一个数字图书馆都不可能拥有世界上所有的信息资源，只有各馆之间协作发展、互为补充、互为利用、互为推动，才能建立起良好的文献资源保障体系，为用户提供高效的网上信息服务，充分发挥数字图书馆的优势。高校数字图书馆的文献资源建设必须根据整个社会信息资源共建共享的计划来进行，并注意和其他的数字图书馆分工合作；必须把高校数字图书馆资源建设纳入地区、国家和全球的信息网络体系,依靠整体的网络体系实施资源的合理配置。因此,建设高校数字图书馆必须走联合的道路,不联合就谈不上数字图书馆。

防止重复建设是信息资源建设过程中的重点之一。在高校数字图书馆的建设中,一是要充分利用国家已有的网络资源和数字化信息资源,二是要实现资源共建共享,有效防止资源浪费和重复建设。

(三) 高校图书馆专业人才的培养

高校图书馆的变革也对图书馆馆员提出了角色转变的要求。在网上信息资源越来越庞杂的情况下,除传统的文献搜集、整理与提供服务外,高校图书馆馆员还应扮演信息工程师或信息资源顾问的角色。高校图书馆馆员还要承担起对用户进行教育和培训的任务,起到网络资源导航员的作用。可见,大数据时代对高校图书馆馆员的素质要求越来越高,尤其要求整个图书馆馆员队伍能够发挥整体协作的作用。只有建设一支思想素质、信息意识和技术能力都过硬的专业队伍,才能适应大数据时代高校图书馆建设的需要。

(四) 高校图书馆信息化建设的规范

图书馆信息化建设是整个社会信息化建设中的一环,其规范化问题非常值得重视,规范建设是工作正常开展的关键因素。规范高校图书馆信息化建设,需要做到以下两个方面。

(1) 建立高校图书馆信息化评估体系。早期高校图书馆信息化水平的评估,主要是对其能否实现传统业务流程的自动化进行审核。进入20世纪90年代,随着信息技术的发展,一个仅仅能提供公共目录查询和图书馆业务管理的高校图书馆自动化系统已不能适应技术与时代的发展,对其进行评估时需要从整体的、系统的、信息化的角度来考虑。同样，信息技术的飞速发展使高校图书馆信息化的内涵丰富起来。20世纪90年代以后高校图书馆信息化的发展包括：网络互联能力，指合格的高校图书馆信息化系统要能支持国际主要的网络通信协议；网络服务能力，指合格的高校图书馆信息化系统要能支持网络信息检索协议；在多种开放标准的软硬件平台上运行的能力；支持图形化用户界面的能力；支持其他类型数据库的能力；支持多语种环境的能力；等等。高校图书馆信息化评估涉及图书馆业务、管理、设备等多方面的内容，评估单位需要制定一套评估标准体系，使高校图书馆信息化发展有方向、有目标，逐步走向规范化。这套标准的建立不仅要做到能客观评价我国高校图书馆信息化的现有水平，还能对我国高校图书馆信息化建设起到导向作用。

（2）为高校图书馆信息化建设提供相应的法律法规保障。为保证工作的顺利展开，高校图书馆信息化建设既需要接受国家信息化建设总方针、总政策的指导，也需要得到根据高校图书馆的具体特点所制定的法律法规的支持。这些法律法规需要包括高校信息化建设资金投入、社会参与政策、市场拓展等方面。此外，在进行高校数字图书馆研究和建设数字资源库的过程中，相关部门也应借鉴发达国家数字图书馆建设的经验教训，尽早制定统一的适合我国高校数字图书馆建设的资源描述、标识、查询、交换和使用的标准规范及法规；尽量使用国际标准，对那些没有按国际标准格式组织的资源库，也必须考虑数字项的充分描述，并且要有灵活的接口，以保证日后对数据的有效转换与衔接；在加工资源库的过程中还要考虑版权问题，以做到充分尊重知识、尊重智慧，使我国高校数字图书馆在建设伊始，便走上标准化、规范化、法治化管理的发展道路。

## 第三节　高校图书馆信息化建设技术与应用

### 一、条码技术

**（一）条码的基本概念**

"条码"一词源自英文"barcode"，人们又称其为"条形码"。为统一名称，国家标准将其定名为"条码"。

条码是指一组表示一定的信息，由规则排列的条、空及对应字符组成的标记。这一定义表述了三层含义：一是条码由条码符号（包括空）和字符构成；二是条码符号与字符是对应的关系，即两者所包含的意思是完全相同的；三是条码表示一定的信息，如图书上的条码表示图书的序列号。

**（二）二维条码**

一维条码在垂直方向不表达任何信息，只在一个方向（一般是水平方向）表达信息，其外形具备一定的高度，一般只是为了方便阅读器对准。一维条码的应用可以降低信息录入的差错率，提高录入速度，但也存在一些缺陷：数据容量较小，只有30个字符左右；只能包含字母和数字；条码尺寸相对较大（空间利用率较低）；条码遭到损坏后便不能读取信息。

二维条码是指在水平和垂直方向的二维空间存储信息的条码。它能够在横向和纵向两个方向上同时表达信息，不仅能在很小的面积内表达大量的信息，还能够准确表达汉字和存储图像，可靠性高，保密性、防伪性强。

(三) 条码识别设备

条码符号的识读需要借助一定的专用设备，这种设备可以将条码符号中含有的编码信息转换成计算机可识别的数字信息，并通过计算机的键盘接口、串口等输入计算机。

条码识别设备由条码扫描和译码两部分组成，现在绝大部分条码识读器都将扫描器和译码器集成一体。根据不同的用途和需要，人们设计了各种类型的条码识读器。下面介绍一些常用识读设备，以一维条码识读设备为主，包括激光枪、CCD 扫描器、光笔和全向扫描平台。

1. 激光枪

激光枪属于手持式自动扫描的激光扫描器。激光扫描器是一种远距离条码阅读设备，因性能优越而得到了广泛应用。其优点是识读距离长，通常能在 0.3 米以外识读条码。有些长距离的扫描器，扫描距离甚至可以达到 3 米，且具有穿透保护膜识读的能力，识读的精度和速度比较高，防震防摔性能好。其缺点是对识读的角度要求比较严格，条码的长度受光学系统的限制，并与扫描器到条码符号的距离有关。

2. CCD 扫描器

这种扫描器主要使用了 CCD（电荷耦合器件）。CCD 元件是一种电子自动扫描的光电转换器，也叫 CCD 图像感应器。它可以代替移动光束的扫描运动机构，不需要增加任何运动机构，便可以完成对条码符号的自动扫描。其优点是无任何机械运动部件，性能可靠，寿命长，与激光阅读器相比价格便宜、重量轻，而且不像光笔一样只能接触阅读。其缺点是条码的长度受限制，景深小，大部分 CCD 阅读器的首读成功率较低且误码概率高。

### 3. 光笔

光笔需要采用手动扫描的方式。光笔的扫描器内部没有配备扫描装置，它所发射出的照明光束的位置相对于扫描器基准固定，需要手持扫描器扫过条码符号完成扫描。其优点有：与条码接触阅读，能够准确识别被阅读的条码；阅读条码的长度不受限制，可以根据具体情况而定；与其他的阅读器相比，价格较便宜；内部没有移动部件，比较坚固；体积小，重量轻，耗电量非常低。其缺点有：使用光笔扫码会受到各种限制，如不适用于无法接触阅读条码的特定场合；只有在比较平坦的表面上阅读指定密度的、打印质量较好的条码时，光笔才能发挥自身的作用；操作人员只有经过一定的培训学习才会使用光笔；光笔的首读成功率低且误码率较高，因为它必须接触阅读，当条码因保存不当而损坏或者上面有一层保护膜时，光笔都不能识别。

### 4. 全向扫描平台

全向扫描平台属于全向激光扫描器。全向扫描是指标准尺寸的条码从任何方向通过扫描器的区域，都会被扫描器扫到整个条码符号。其优点有：扫描快速且高效，可以阅读不规则的条码表面或透过玻璃、透明胶纸阅读，且因为是非接触阅读，所以不会损坏条码标签；误码率极低（仅约为三百万分之一）；首读识别成功率高、识别速度比光笔及CCD更快，而且对印刷质量不好或模糊的条码识别效果好。其缺点是价格较高。

### （四）数据采集器

把条码识读器和具有数据存储、处理、通信传输功能的手持数据终端设备结合在一起，就构成了条码数据采集器，简称数据采集器或数据终端。它具备实时采集、自动存储、即时显示、即时反馈、自动处理、自动传输等功能，实际上是移动式数据处理终端和某一类94型条码扫描器的结合体。数据采集器按处理方式可分为在线式数据采集器和批处理式数据采集器，根据产品功能可分为手持终端、无线型手持终端等。

与条码扫描器相比，数据采集器多了自动处理、自动传输的功能。条码扫描器在扫描条码后，只能将所得到的数据传给PC，而数据采集器在扫描条码后，可以先把所得结果存储起来，再根据客观需要经过接口数据批量处理数据，也可以通过与无线局域网、GPRS或广域网相连，实时传送和处理数据。

1. 便携式数据采集器

便携式数据采集器是为方便收集现场数据和扫描笨重物体的条码符号而设计的，适宜脱机使用。便携式数据采集器集激光扫描、汉字显示、数据收集、数据处理、数据通信等功能于一体，兼具掌上电脑、条码扫描器的功能。

它可以将计算机网络的部分程序和数据下载至手持终端，也可以脱离计算机网络系统独立地进行某项工作。而非便携式的数据采集器必须通过PC数据库获取基本信息，存储的操作结果也必须及时输入数据库。

2. 通过无线电波进行数据收集的采集器

通过无线电波进行数据收集的采集器不仅具有一般便携式数据采集器的优点，且由于是通过无线电波与计算机实现通信的，所以传送数据十分及时，效率得到大幅提高。同时，此类型采集器还可以使数据收集的方式由原来的本机校验、保存转变为远程控制、实时传输和处理。

（五）条码打印设备

目前，条码打印设备大致分为两类：一类是通用打印机，另一类是专用条码打印机。通用打印机有很多种类，如点阵式、喷墨式、激光式等。使用通用打印机打印条码标签需要专用软件，通过生成条码的图形进行打印，这种打印的优点是简单方便且花费较少，能够打印较大的幅面，对用户来说易学易用，很方便。但通用打印机能够打印的东西很多，不具有专一性，因此其缺点是在使用时很烦琐，实操性较差。专用条码打印机是专为打印条码标签而设计的，具有打印质量好、打印速度快、打印方式灵活、使用方便、实时性强等特点。根据其印制条码方式的不同，可以分为热敏式打印机和热转式打印机。热敏式打印机就是指用热敏纸打印的打印机，热敏纸在高温及阳光照射下容易变色，所以其打印的条码在保存和使用上存在一些问题，但其优点是操作简单，价格低。热转式打印方式与其他打印方式相比，具有分辨率高、打印质量好、打印速度快、操作简便、成本低、容易维护等优点，是条码打印最理想的方式。

（六）条码应用

条码在各行各业被广泛使用，尤其在图书馆中使用率很高，在需要借助网络的书籍借阅、整理、收藏和电子读物管理方面发挥着必不可少的作用。例如，每个借阅证上都有唯一的条码，用来识别不同的读者，经过计算机处理，可以对读者资格进行审查，检索其借阅信息。每一本书也都具有唯一的条码标识，只需要扫描书上的条码即可进行借还操作，大大提高了馆员的工作效率，而且减少了输入错误。除在借阅管理方面的应用以外，条码也十分广泛地应用在图书馆的书刊管理当中。书刊管理工作包括分管整理书刊、调配书刊、收藏书刊、去除旧的书刊等。利用条码技术，馆员在进行馆藏清点时只需把条码扫入数据采集器后再输入计算机，而不必将号码一个个用笔写下再打字输入计算机。可以说，条码在图书馆的大规模应用是实现图书馆自动化的必要条件。

## 二、RFID 技术

### （一）RFID 技术基本概念

RFID（射频识别）技术是不需要接触的自动识别技术，其工作原理是通过射频信号自主辨认目标并且获取相关数据。应用这类技术的设备在工作过程中不需要人为操作，而且可以适应恶劣环境；对速度比较敏感，可以同时辨认出多个速度很快的物体，而且操作十分迅速、简单。

另外，短距离射频产品可以在较差的环境中代替条码使用，如在工厂的流水线上实时追踪物体来测试其相关量。长距射频产品则常常应用于交通方面，这类产品的可识别距离最长可达几十米，最具代表性的是高速路上的测速仪和收费站检测设备。

最基本的 RFID 系统由三部分组成：

（1）标签。由耦合元件和芯片组成，只有一个不可改变的编码，主要作用是被粘贴在物品上以辨认目标。

（2）阅读器。读取标签信息的设备，被设计成不同的形式，主要有手握式和固定式两种。

（3）天线。在标签和阅读器间传递射频信号。

RFID 标签中往往存储着一定格式的数据，在使用时，一般将其置于所要识别的物体表面。阅读器的工作原理是通过天线传递一定频率的信号，当标签进入磁场时产生感应电流、获得能量、发送出自身编码等信息，阅读器即可无接触地读取并识别电子标签中所保存的电子数据，从而达到自动识别物体的目的。阅读器通常与计算机相连，其所读取的标签信息会被传送到计算机上进行下一步处理。

RFID 标签分为两种：主动式标签和被动式标签。与被动式标签相比，主动式标签内部需要有一个电源，使它可以用来读写数据和修改数据。主动式标签的射程远、范围大，但缺点是价格昂贵，能够被使用的时间较短，且体积较大。

（二）RFID 的特性

（1）可以在黑暗的条件下工作，甚至可以隔着物体读取数据，只要对象在探测范围内，就可以从任何方向、角度获取其信息。

（2）寿命长，而且可以在各种恶劣的条件下使用。

（3）具有很强的嵌入和附着能力，可以很轻松地连接在各种不同的物体上。

（4）获取信息的能力很强，能够间隔较远距离读取信息。

（5）效率高，可以节省时间，能够方便地录入和存储信息。

（6）内容可以动态改变。

（7）能同时进行多个标签的处理，据试验，RFID 可以在一秒内读取多达 20 册图书的标签。

（8）标签的数据存取有密码保护，安全性更高，误码率低，不易伪造。

（9）具有定位的能力，可以对 RFID 标签所附着的物体进行追踪定位。

（三）RFID 的应用

1. RFID 在国内外图书馆的应用现状

记录文字的载体从羊皮纸发展到电子图书，借书凭证从手写的纸质借阅卡片发展到含有电子芯片的借阅证，反映出图书馆在一步步地发展、进步。随着 RFID 及配套芯片技术的持续发展和演变，图书馆也一步步地发展、进步、革新，服务质量也在不断提升。RFID 技术在国外图书馆的应用始于 20 世纪 90 年代，而国内这一技术的应用比国外晚了近 20 年。

截至目前，图书馆对书目的编号已经由原来的手写或者拓印的方式进步到了通过网络和条形码进行管理的方式。然而，随着图书馆的不断发展，不可避免会出现亟须解决的问题，如怎样实现自动归还图书、自动整理分析等，业界急于寻找一种更为先进的管理模式来提高图书馆的服务水平。RFID 技术的出现让我们看到了希望。

RFID 技术在 1984 年由哈利·斯托克曼（Harry Stockman）提出，最初应用于军事方面，慢慢发展到应用于各个领域。1999 年，RFID 技术开始正式应用于图书馆领域，最早应用 RFID 技术的是洛克菲勒大学图书馆和密歇根州的法明顿社区图书馆。而我国最先使用 RFID 技术的图书馆是深圳图书馆和集美大学诚毅学院图书馆，此后 RFID 技术在我国图书馆的应用经历了较为缓慢的发展时期。

（1）RFID 在国外图书馆的应用情况

从 20 世纪 90 年代末期开始，越来越多的国家为了提高图书馆的自动化管理和服务水平开始使用 RFID 技术，国外的图书馆和相应的系统供应商都十分重视这一技术在图书管理中的应用。例如，美国 3M 等公司相继提出了 RFID 技术应用于图书馆服务的系统化方案，包括图书借还、自动分拣、理架顺架等具体的服务流程。此外，许多书商也将目光投向 RFID 标签转换领域。

目前，在 RFID 技术应用方面较为领先的是美国图书馆，在美国有 300 多家图书馆使用此技术。但由于大型图书馆更换原系统太复杂，RFID 系统在中小型图书馆中使用较为普遍。若要研究此技术在美国图书馆的应用,则必须提及西雅图公共图书馆,它配备了全自动的RFID分类系统,借阅者在还书时只需将书放在特定的窗口,窗口内有传输带可自动将图书传至二楼。二楼有专门管理图书的区域,配备专门的RFID阅读器,能够自动读取书上的RFID标签,同时将标签内的信息录入电脑,进而自动分类。对于其中需要归架的图书,输送带会在读取资料后将其送往停放于一旁的十二个书车中的一个,而后书车上的机器手臂会将书籍方向导正并将其摆到书架上;若其中有被其他分馆的读者预约的图书,输送带则会自动将其转往各个分馆的图书箱,以便次日将其送往分馆并通知读者。西雅图公共图书馆引进的这套自动分类系统可不分时段地运转,使图书馆在不裁撤馆员的情况下,将更多的时间和精力转向提升服务水平与提高服务读者效率上去。

在亚洲,最早使用RFID技术的国家是新加坡,新加坡图书管理局于1998年测试了RFID技术在图书馆的图书物流系统中的应用并获得成功,测试内容包括图书分拣和流通等过程。目前,RFID技术在新加坡国内已基本普及,各地图书馆都引入了RFID自助借还系统和自助分拣机等来简化工作流程。除新加坡外,马来西亚是RFID技术在图书馆领域应用发展最快的国家之一,日本图书馆的RFID技术水平目前也居于世界前列。

(2)中国使用RFID的状况

与西方国家相比,我国图书馆对RFID技术的应用起步较晚,2006年首次在厦门集美大学诚毅学院图书馆和深圳图书馆使用。

深圳图书馆在书籍分拣流通、OPAC导引等方面引入RFID技术,并基于RFID技术自主研制出了RFID智能书车。OPAC检索系统的引入,使读者在查找书籍时可以摆脱以往单纯靠检索书号指引的局限性,能够直接被指引到第几区第几排第几层书架,提高了图书馆的人性化服务水平，促进公共资源的充分利用。在引进此技术之后的一年内，深圳图书馆的借阅量有了很大的提高。在归还所借阅的图书时，超过80%的读者应用了此技术，大幅减少了图书馆工作人员的工作量。

汕头大学图书馆引入了安全门禁系统和馆员工作站，并拥有RFID标签转换装置和移动智能书车。该馆使用移动智能书车进行图书上架，应用OPAC系统使读者能够精准地了解图书的位置，大大提高了读者寻找图书的效率。此外，汕头大学图书馆打破了以往图书严格按照书号排序的传统，只要求图书摆放在所规定的层格中即可，这样不仅减轻了馆员理架顺架的工作，也提高了服务效率。

然而在我国，与公众图书馆相比，使用此技术的高校图书馆还比较少。如果在未来能有越来越多的高校图书馆引入RFID技术，高校图书馆整体的信息化建设水平将会更上一层楼。

2. RFID技术在图书馆的应用功能

（1）RFID的基本功能

RFID在图书馆的应用中，其基本功能主要体现在图书资料的借阅、上架、理架等几个环节。

自助服务。自助服务是指用户根据自身的阅读偏好、研究目标和兴趣需求自主完成资料检索、书目查找和文献借阅等一系列活动，从而实现图书借阅的行为。自助借还机最基本的原理是RFID阅读器与相关应用软件的互联互通。

安全防盗。RFID技术有一个专门的安全门禁系统，它的工作原理是扫描和识别文献上的电子标签，防止图书被盗。安全防盗系统有多种类型，并且具有报警的功能，可以声、光同时报警，能够及时发现丢失的图书并在第一时间反馈给馆员，实现防盗的目的。

自动分拣。自动分拣是与自助借还书设备搭配使用的自动化设备。

读者将图书放置到还书口，传送带上的阅读器就能自动读取RFID标签并获得资源分类号。

图书查找与定位。这一功能节约了人力，读者可以通过链接或者图片显示准确地找到所需的图书。

图书剔旧。馆员只需先在RFID系统中设置一定的剔除旧书的频率，再通过借阅图书的频率得到需要剔除的图书，及时、高效地完成图书剔旧工作。

标签转换。标签转换装置=RFID阅读器+标签分发器+条码扫描器。RFID标签通过读取条码信息来实现与书籍或其他形式文献的绑定，完成书籍流通前的处理操作。

图书上架、架位注册。图书上架和架位注册主要由RFID盘点推车完成。

图书盘点理架。目前的自动盘点设备主要有便携式和推车式两种。自动盘点设备可以自动完成图书放置工作，放置后通过扫描其电子书签，方便地查找和统计图书资料。RFID自动分拣机可以进行远距离读取，并且可以同时读取多个标签，操作快捷、方便。

（2）RFID的扩展功能

RFID的扩展功能在每个图书馆中的具体应用都是不同的，各图书馆会按照自身的具体情况，定制一套满足其需求的RFID拓展功能，这套功能具有很高的针对性和实用性。虽然RFID的扩展功能没有被广泛开发和使用，但是其潜力无穷，前景光明。

目前，国内外的一些图书馆已经实现并应用了RFID的某些扩展功能，但数量较少，下面对两种较有代表性的扩展功能进行介绍。

智能书架。智能书架最早应用于日本九州大学的图书馆，被人们称为全球最有前景的应用之一。但可惜的是，如今的RFID智能书架还停留在人工操作阶段,即便它在一定程度上减少了馆员的工作量,但仍需耗费大量的人力、物力维护其正常运行。智能书架的工作原理是在书架上安装多天线的 RFID 阅读器,采用轮询的读取机制,把书架上的图书情况实时保存下来,然后通过网络返回到电脑上,实时监测书本是否在架,并检测架上图书的排架情况。除此之外,智能书架还可以统计书架上图书的利用率,对这些数据进行分析总结,并以此为基础来进行增值服务。

行为侦测。行为侦测是指利用射频识别技术对在馆书籍借还、取阅等行为的侦查和监测,也提供查询定位、读者个性化导览等服务,但必须在超高频率的环境下进行工作。对取阅行为进行侦测的工作原理是在书架上安装多台阅读器,相隔固定时间段对书架上的文献资料进行扫描,若无法感应到该资料的存在,便将其视为已被取阅,侦测设备将该信息录入系统做标记后,等待下一次的感应。查询定位是指对图书馆所有区域内的书籍进行查找,工作原理是通过阅读器的扫描来管理错架、乱架的图书,也可查找下落不明的资料。读者个性化导览是指为每个读者提供便携导览设备,从而根据读者需求提供个性化的实时服务。

除在图书馆已实现的 RFID 技术应用外,该技术还有需要被发掘的作用。

自助缴纳罚款。高校图书馆可以利用 RFID 技术,在自助借还设备上将校园卡与对应的管理软件相关联,当借阅逾期时,用户只需要在自助借还设备上操作相关软件,就可以自动从校园卡中扣除逾期的费用。这种 RFID 技术的应用,使用户在非工作时间也可以完成操作,避免用户因必须亲自在馆员工作时间到人工服务台缴纳罚款而耽误再次借阅的情况。

个性化学科服务。个性化学科服务指的是图书馆专门针对 RFID 技术应用所收集到的信息进行更深层次的挖掘和整理，并且可以对图书的借阅情况进行统计，从而进一步为特定读者提供特定学科的书籍推荐导引服务，这也是未来高校图书馆进行知识管理、成为知识服务机构的重要建设内容。

机器人智能服务。机器人智能服务是指在借阅室配置机器人，通过机器人的帮助，人们可以精准选择所需的图书并完成借阅。

随着射频识别技术的日益成熟，RFID 技术的无限扩展功能得到充分利用，每个时期的图书馆管理需求和读者需求都是不同的，相关的服务系统和技术也需要进行相应的创新和修改，从而适应外界的变化。不断创新服务内容，提高服务水平对未来高校图书馆的发展具有深远的意义。

## 三、一卡通

### （一）一卡通定义

一卡通，简单地说就是一卡通行或一卡多用之意，其工作原理是以 IC 卡技术为核心，在卡上存储相应的信息，并进行身份识别，以电脑技术和通信技术为辅助手段，将某一范围内的各种基本设施连接成一个有机的整体，用户通过一张 IC 卡便可以完成开门、就餐、购物、会议、图书管理、医疗等各项活动。一卡通的应用促进了数据共享、减少了现金流、堵塞了可能的财务漏洞、提高了工作效率、降低了劳动强度、方便了用户。

### （二）一卡通系统以及应用

一卡通系统由发卡管理系统、读卡设备、信息处理设备、各子系统及相应的软件系统组成。发卡管理系统由发卡机、发卡管理工作站、发卡管理软件等组成，可实现操作员管理、人事管理、卡片管理、资料备份与恢复等功能。各子系统亦即一卡通的不同应用领域，包括：门禁管理子系统，实现出入口控制、进出资讯记录、报警输出等功能；考勤管理子系统，实现内部人员的出勤记录、统计、查询等功能；消费管理子系统，作为单位等内部环境里的信用卡，实现现金流通功能。

高校图书馆中的一卡通应用主要包括门禁系统、图书借还管理系统、数字资源查询系统、多媒体电子阅览管理系统、收费管理系统、IC卡考勤系统、网络存包系统。

1. 门禁系统

高校图书馆的门禁系统利用 IC 卡进行身份验证，只有拥有 IC 卡的人员或其他符合条件的人员方能进入图书馆。这一系统能够对进出图书馆的人员进行监控，能够进行出入馆情况的数据采集、数据统计。门禁系统身份验证信息来源于一卡通发卡中心的用户数据库。

2. 图书借还管理系统

图书借还管理系统要求与高校图书馆使用的图书自动化管理系统进行连接，增加专门的卡号读取设备与程序接口。在原有系统的基础上，通过用 IC 卡进行身份验证的功能来加强对图书流动的管理，减少人为因素的过失，及时发现各种违规行为。

3. 数字资源查询系统

数字资源查询系统要与高校图书馆数字资源的储存、整合及发布系统相连接，向不同层次用户开放不同的数字资源。要实现本管理模式，应该根据读者的类别、资源的种类、查询的时间、下载的数量等不同条件提供不同服务。

4. 多媒体电子阅览管理系统

高校图书馆想要实现对用户上机或上网的全程自动监控，可利用

IC卡的身份验证功能，协助用户进行自动登记、自动开关机，方便和简化了管理。如果高校图书馆多媒体电子阅览室采用原有管理软件，还需要解决两者接口问题，才能让两个系统安全、高效地挂接，以达到各种信息及数据交换的目的。

5. 收费管理系统

高校图书馆利用IC卡的代币功能可以实现各种收费项目的电子化、单一化和无票化。比如可以利用IC卡来对超期还书、上机、打印、复印、装订、高层次信息服务等项目进行收费，此系统能轻易区分高校图书馆内外人员以及不同类别用户的使用权限，实现收费精确无误、方便快捷、清洁卫生。另外，高校图书馆在采取此系统时，必须考虑和现有收费系统（如自动化系统罚款超期子系统）的数据交互、同步问题。

6. IC卡考勤系统

高校图书馆可以利用IC卡进行自动身份验证和时间记录，并对考勤结果进行综合性分析统计，自动汇总出报表结果，加强对图书馆内部工作人员的管理。

目前，一卡通在高校图书馆使用中存在的主要问题是没有实现数据的完全共享、同步，如何实现发卡中心的用户数据库与图书馆管理系统的读者数据库之间数据的实时交互是今后需要重点解决的问题。

7. 网络存包系统

高校图书馆的网络存包系统已逐步替代传统的存包柜和电子存包柜。网络存包系统在传统存包柜的基础上，增加了计算机芯片、网络接口以及读卡系统，用电子锁替代了传统的锁具，通过借书证或校园卡中的电子信息，对读者身份进行认证，实现开柜存包、取包功能，还可以通过读者的存取数据对馆内各存包柜的使用情况进行各种统计。

## 四、其他信息技术

### （一）图书防盗系统

图书防盗系统主要用于防止书刊的失窃，由检测通道、监测仪主机、磁条、充消磁器、磁条检查仪等组成。其工作原理是在书中夹入磁条，在门口放置由两个或多个检测门组成的单通道、双通道或多通道，在检测门内安装发射线圈及接受线圈，借阅者由该通道进出阅览室，当内装磁条的书进入通道时，发射线圈与接收线圈之间的常态电磁波形会发生变化，主机检测到这种变化就会发出警报。

为了防止图书在借阅期间磁条被人为破坏，读者还书时，应将书放在磁条检查仪上，由左至右或由右至左划过，观察仪器是否报警，若不报警，说明书中磁条未被破坏。读者通过办理手续借到图书后，管理老师用充消磁器"去除"所借图书中复合磁条的磁性，书经过通道时不报警；读者归还图书后，管理老师再用充消磁器来"复原"所还书中复合磁条的磁性，即可将书归架。

磁条根据构成材料可以分为钴基磁条和铁基磁条，根据能否充消磁可分为复合型磁条和永久型磁条。一般来说，高校图书馆根据图书是否外借而采用不同的磁条，开架书库中的书籍一般采用复合型磁条，而阅览室的书籍因为不出借，所以采用永久型磁条。

### （二）电子书阅读器

电子书阅读器是一种可以离线阅读的、手持的专用设备浏览器。简单来说，电子书阅读器就是具有微型化和专门化阅读功能的设备浏览器。由于在使用台式机阅读电子书时有很多不方便的地方，为了能够随时随地阅读，并且实现书签、加注、查阅、游戏等多种功能，人们设计出了这种类似掌上电脑的专用设备，即电子阅读器。除阅读电子书外，电子阅读器还可以提供收发邮件、商务助理、听音乐等更多人性化服务。此设备只有几百克重，大约一本书大小，携带便捷，可以通过对其硬件进行加密的方法来实现版权保护。每一种电子图书阅读器都安装有专属的阅读软件和相应的电子图书站点。读者购买电子图书阅读器时，便成为电子图书的 VIP 使用者，可以通过免费或付费的方式到相应站点下载图书进行阅读。

电子书阅读器具有携带方便、容量大、内容获取迅速、更新方便、能够检索、带有批注功能等特点，随着技术的不断进步，在克服电子书格式不兼容、人们阅读习惯不适应等问题后，电子书阅读器将会得到更广泛的应用。

（三）缩微技术

缩微技术也是一种信息存储技术。所谓缩微技术，就是指将资料或图书利用照相原理通过一种专门的设备缩小到胶片上，需要时再用专门的设备阅读或复印。在图书、情报管理中运用这种技术有很多优势。第一，缩微品占用的空间比较小。对于同一种资料，相对于印刷品来说，以缩微品的形式收藏能够节约上架空间的98％。第二，缩微品保存寿命长。这是因为缩微品一般防虫、防火，更容易保存。第三，缩微品性价比较高。同一种文献，制作一份缩微品比制作一份印刷品节约 1/2 到 2/3 的费用。

即便与数字化的存储技术相比，缩微技术也有其独特的优势。首先，它是一种成熟稳定的技术，标准化程度高，不必考虑格式兼容性问题。使用数字存储方法作为文献保存手段，有可能出现今天存储到某种计算机存储介质中的数字内容，几年之后就没有设备能将其无失真地读出来的情况，即便能够做到无失真读取，可能也需要花费很高的费用来更新过时的文件格式和介质。其次，通过缩微品保存的文献安全可靠，而且在阅读缩微胶片上记录的内容时不用专门的设备，如果条件比较有限，通过一个较高倍率的放大镜就可以实现阅读。即使胶片在一定程度上有损坏，也只是丢失一部分文献，剩下的文献仍然可以正常阅读，不会出现因部分数据丢失导致资源整体报废的情况，也不存在硬盘等载体不可避免的储存误码率、丢失的数字文献没有办法阅读、计算机被病毒侵袭而使软件受到影响、计算机系统被网络黑客破坏等问题。缩微技术的最大优势是文献保存寿命长，根据其本身的物理特性来看，缩微胶片是目前保存文献寿命最长的一种文献载体。无论何时，原件的本来面目都可以通过缩微胶片真实可靠地表现出来，具有法律凭证的作用。所以，在数字化存储技术飞速发展的大数据时代，缩微技术仍旧在图书馆信息技术方面占有一席之地，不会完全被数字化手段代替。

## 第四节 高校图书馆信息资源与信息化平台建设

### 一、高校图书馆信息化平台

#### （一）高校图书馆信息化的硬件平台

高校图书馆的信息化建设需要借助性能较好的计算机。好的硬件保证了计算机的运行，对计算机的功能发挥起着重要的作用。计算机硬件是由许多不同功能模块化的部件组合而成的，可以在软件的配合下完成输入、处理、储存和输出4个操作步骤。计算机硬件根据功能不同可分为5类：输出设备（显示器、打印机、音箱等）、输入设备（鼠标、键盘、摄像头等）、中央处理器（CPU）、储存器（内存、硬盘、光盘、U盘以及储存卡等）和主板（在各个部件之间进行协调工作，是一个重要的连接载体）。

具体而言，计算机由主机（主要部分）、输出设备（显示器）和输入设备（键盘和鼠标）三大件组成。主机是电脑的主体，在主机箱中有主板、CPU、内存、电源、显卡、声卡、网卡、硬盘、软驱、光驱等硬件。其中，主板、CPU、内存、电源、显卡、硬盘是必需的。

（二）高校图书馆信息化的软件平台

软件一般指各种不同的应用程序，在信息化高校图书馆中是用来进行图书分类的工具，可以帮人们更有条理地对图书分门别类，还可以用来记录图书的借还情况。

软件是用户与硬件之间的接口界面，用户主要通过软件与计算机进行交流。

软件是计算机系统设计的重要依据。为了方便用户，使计算机系统具有较高的总体效用，在设计高校图书馆计算机系统时必须全局考虑，让软件与硬件相配合，用户要求和软件功能相对应。合格的高校图书馆计算机系统需要做到以下几点：运行时，能够提供所要求功能的指令或计算机程序的集合；程序能够满意地处理信息的数据结构；具有描述程序功能需求以及程序使用方法的文档。

1. 软件的划分

一般来讲，软件可划分为系统软件、应用软件和手机软件。

（1）系统软件。系统软件为计算机使用提供最基本的功能，负责管理计算机系统中各种独立的硬件，使它们可以作为一个整体协调工作，让使用者不必单独操作每个硬件。系统软件可分为操作系统和支撑软件。

操作系统是管理计算机硬件与软件资源的程序，也是计算机系统的内核与基石。操作系统负责管理与配置内存、决定系统资源供需的优先次序、控制输入与输出设备、操作网络与管理文件系统等基本事务，也为使用者提供一个与系统交互的操作接口。

支撑软件是支撑各种软件开发与维护的软件，又称为软件开发环境（SDE），主要包括环境数据库、各种接口软件和工具组。工具组包括编译器、数据库管理、存储器格式化、文件系统管理、用户身份验证、驱动管理、网络连接等各方面的工具。

（2）应用软件。系统软件一般并不针对某一特定应用领域，而应用软件则相反，不同的应用软件根据用户和所服务的领域提供不同的功能。应用软件是为了某种特定的用途而开发的软件，可以是一个特定的程序，比如一个图像浏览器；也可以是一组功能联系紧密、互相协作的程序的集合，比如微软的 Office 软件；还可以是一个由众多独立程序组成的庞大的软件系统，比如数据库管理系统。

（3）手机软件。所谓手机软件就是可以安装在手机上的软件，用来完善手机原始系统的不足，满足使用者的个性化需求。随着科技的发展，现在手机的功能也越来越多，越来越强大。[①]

2. 软件授权方式

不同的软件一般都有对应的软件授权，软件的用户必须在同意软件许可条款的情况下才能够合法地使用软件。依据许可方式的不同，大致可将软件区分为以下几类：

---

[①] 张鹏、宁柠、姜淑霞：《图书馆信息化建设理论与档案管理实践》，长春：吉林人民出版社 2020 年版。

（1）专属软件。这类软件的授权通常不允许用户随意复制、研究、修改或散布该软件。用户如果违反此类授权，通常会承担严重的法律责任。传统的商业软件公司会采用此类授权，如微软的 Windows 和办公软件专属软件的源码就被公司视为私有财产而予以严密保护。

（2）自由软件。此类软件的授权正好与专属软件相反，赋予用户复制、研究、修改、散布该软件的权利，并提供源码供用户自由使用，其他方面的限制也很少。

（3）共享软件。用户通常可免费试用或免费取得这类软件，但在功能或使用期限上受到限制，软件开发者一般会鼓励用户付费，以取得功能完整的商业版本。

（4）免费软件。这类软件可供用户免费取得和转载，但并不提供源码，也无法修改。

（5）公共软件。指原作者已放弃权利、著作权过期或作者已不可考的软件，用户在使用上无任何限制。

（三）高校图书馆的网络交流平台

网络交流平台就是指以互联网作为交流分享的平台，交流双方综合利用网络载体，达到交流分享的目的。高校图书馆可以利用腾讯QQ（群）、网络论坛（BBS）、百度贴吧、电子邮件等网络交流载体，提高对话交流的广泛性，方便快捷地交流和传递图书资料。

## 二、高校图书馆跨平台信息检索系统模式

（一）元数据整合模式

元数据整合模式是目前高校图书馆应用较多的跨平台信息检索系统模式。元数据整合模式是指信息检索系统通过对多个全文（原始）数

据源按一定标准（如 DC）进行标引后，组成一个元数据集（通常用数据库方式储存），再通过一个发布系统（Web 服务器）与客户端进行交互。用户看到的是一个集成后的多数据源查询系统，得到的是对原始数据的描述信息。通过一个特定连接，用户可以直接从原始数据源中得到原文数据。元数据整合模式的特点是检索速度和方式不会因数据源的不同而受到影响，用户在查询元数据和原文时，运用这一信息检索系统虽然可以获取更具针对性的服务，但是标引和组织元数据需要耗费一定的资源，元数据与原文数据源之间存在同步性差的问题。元数据整合模式对于元数据一致性、协同性要求较高，或许变动不太频繁的数据源采用这种方式较为合适。

（二）中间件模式

中间件模式多用于数据源有数据访问接口的情况，这种模式采用中间件技术，将来自用户的查询请求分解成对不同原始数据源的独立访问请求，通过标准（ODBC/JDBC）或非标准的数据访问接口（API）对原始数据源进行实时访问，将结果整合后通过发布系统（或直接）返回给用户。

中间件模式的优点是实时性好，任何原始数据的更改都可以在用户查询时及时得到反映；用户可以直接通过中间件进行原文获取，从而省去原文数据源的原文发布服务。其缺点是要求原始数据源必须提供访问接口，且各数据源的速度问题会影响用户得到结果的时间。另外，中间件的开发及获取各数据源后的数据整合策略和技术都需要合理规划。

中间件模式适用于有标准接口的数据源跨平台检索。如将图书馆书目查询与电子图书或电子期刊（必须是标准且开放的数据库结构）整合查询；省去数据发布系统，多个图书馆书目查询系统直接通过各自的

Z39.50服务器在客户端的中间件中整合显示；OAI数据服务者通过OAI协议从不同数据提供者那里获取数据并在整合后提供服务。

(三) 网页搜索代理模式

目前高校图书馆对大量购买的数据源和从网上获取的免费数据源有统一整合发布的需求，比较适用网页搜索代理模式。这些数据源通常只提供有限的元数据，也极少会提供标准接口。分布式网页搜索代理可以通过模拟用户请求，到数据源所在的网站上获取信息，整合以后返回给用户。网页搜索代理模式对大多数网上资源都可以进行实时高细粒度的检索，具体的检索程度取决于对方网站提供的检索深度，对一般的国外电子期刊都可以提供到篇名级的检索，可以最大限度地满足用户的查准率要求。

这种模式对信息挖掘分析、软件开发和网络环境等的要求也相当高。为了获得足够的元数据信息，必须详细分析数据源的WEB结构层次和文献组织，对不同的查询请求需要进行转换以达到数据源接受的要求。同样，这种模式对元数据的统一标准、数据整合策略和发布结果策略的制定等也都有一定的要求。

(四) 依附模式

依附模式指将一些其他数据源的部分元数据（含超链接）加入一个数据源中一起发布。这种模式应用于高校图书馆，最常见的形式是将订购（或自制）的全文电子图书（期刊刊名）的URL地址加入书目查询系统中（或反向）。这种模式的优点是可以在短期内部分解决资源最大利用的问题，缺点是数据更新工作量很大而且多为人工处理，适用的范围较小。

第五章

# 高校图书馆信息化服务与创新

高校图书馆工作，从根本上说是为教学和培养人才服务。图书馆不仅是传播知识的窗口，还是教书育人的阵地，发挥教育功能是图书馆的重要任务之一。因此，高校图书馆信息服务与创新是十分重要的，本章即以高校图书馆信息服务与创新为核心进行研究与分析。

## 第一节 高校图书馆信息服务的现状分析

高校图书馆作为学校的文献情报中心，一直在教学和科研中起着重要的作用。但是，高校图书馆在网络信息服务中也出现了一些问题，在很大程度上制约了图书馆信息服务的进一步发展。

### 一、高校图书馆信息服务的现状

随着信息资源日新月异的变化，许多高校图书馆信息服务已经或正在向"网络化"和"数字化"发展，并且在网络信息服务方面取得了一定成绩，具体表现在以下几个方面。

（一）拓展传统信息服务

由图书馆工作人员提供人工服务来满足用户查询信息的需要，是传统高校图书馆信息服务的主要内容。高校图书馆信息服务是指以文献服务、报道服务、检索服务、参考咨询服务和用户教育服务为主要内容的、广义的、传统的综合信息服务。传统的高校图书馆信息服务依赖人工操作，而人具有主观能动性，可以积极主动地思考并解决问题，能够掌控服务过程，使这种传统服务具备了其自身优势。在高校图书馆信息服务创新过程中，应该汲取传统服务的精华，以传统服务中科学、有效的内容为基础，使用大数据时代的信息技术，将二者有机结合在一起，使传统信息服务与现代信息服务共同发展，为用户提供更加高效、便捷、准确的服务。

1. 文献网络借阅

目前大部分高校图书馆已经建立了网站，存储了一定量的电子图书。用户需要查询信息时，可以随时登录网站主页，通过网络联机查找自己需要的信息，了解图书馆馆藏书目情况、纸质图书借阅情况，在网上完成图书借阅前的预览、预借，完成已借图书的续借和馆际互借等常规服务。文献网络借阅服务高效、便捷，免去了用户往返奔波的麻烦。

2. 文献网络信息报道

传统高校图书馆的文献报道服务包括为用户提供索引、文摘、书目，而通过应用网络等现代化手段，高校图书馆还可以开展综述报告、课题总结、述评等高增值的文献报道服务。相比于传统文献报道，文献网络信息报道的内容更丰富、范围更大、样式更多，使高校图书馆文献资源丰富的优势得以充分发挥。

### 3. 文献网络检索

目前高校图书馆文献网络检索的内容包括数据库检索、网络的参考咨询、OPAC 检索三种网络检索服务。

第一，数据库检索。目前高校图书馆的数据库检索主要依赖光盘数据库、在线数据库和自建数据库。由于光盘具有容量大、体积小、保存容易、保存时间长等优点，已经成为国内大多数高校图书馆经常使用的数据检索载体之一，例如重庆维普数据库（光盘版）。与此同时，各高校图书馆还依托网络分别建立了符合自身特点的在线数据库，既满足了不同用户的信息需求，又拥有了信息的自主使用权。

第二，网络的参考咨询。这是指高校图书馆信息用户通过查阅、学习图书馆主页上的"用户指南"或"操作导引"自行进行查询，或者通过 E-mail、QQ 等即时通信工具与在线服务人员进行咨询答疑，解决查询过程中遇到的问题。

第三，OPAC 检索。这种文献网络检索服务使高校图书馆信息资源共建、共享变为现实。参与其中的各个高校图书馆根据占有资源的特点进行分工，在建立联合目录数据库的同时，开发联机合作编目、书目资源公共查询和馆际互借功能，建立资源共享系统。

### 4. 文献检索课程

信息技术的快速发展改变着人们的生活方式，也为人们的学习提供了便利。大学生作为高等知识分子，只有具有较强的学习能力，才能适应社会发展的需要。文献检索课程也称信息检索课，为提高大学生的信息技能和素养，高校图书馆一般都会开设文献检索类通识选修课程。通过学习文献检索课程，学生可以了解计算机网络、文献检索的基本知识和检索技术，掌握各种信息检索工具的使用方法和检索技巧，学习信息检索、获取、分析、使用的技能，从而在学习期间和职业生涯中能够独立地获取和运用信息资源，解决实际问题。

传统的信息检索课程以大班教授为主，随着网络技术、数字技术的发展，信息检索课程也开始采用线上线下的小班教学模式，教师在教学中采用翻转课堂、PBL问题教学等方式，结合MOOC（慕课）、雨课堂等线上网络平台，不仅丰富了教学方式和内容，还提升了学生的信息素养。

（二）发展网络信息服务

1. 基础网络信息服务

基础网络信息服务是高校图书馆用户交流与获取信息的重要途径，包括互联网网站服务、E-mail服务、BBS服务、VOD服务等。这些网络服务可以方便、快捷地为信息用户提供各种信息资源，也是高校图书馆与用户交流的桥梁。

2. 网络信息资源导航服务

网络信息资源导航服务指图书情报人员把用户查询信息的主题和与该主题相关的web站点关联起来，并为关联情况建立专业信息资源导航库或指引库，帮助用户检索、查询所需信息，给用户查询带来极大的便利。近年来，国内建立的专业信息导航库已取得一定成效，如交通运输部科学研究院建立的交通信息导航库，上海医科大学图书馆建立的医学导航库等。专业信息资源导航库或指引库是对网络信息资源的进一步加工，是深层次的信息服务，提供高质量的服务内容。网络信息资源无时无刻不在发生变化，因此高校图书馆工作人员要对导航库或指引库及时进行追踪、更新，以确保其信息及时、有效。

3. 搜索引擎服务

目前搜索引擎已经广泛应用于网络操作中，常用的搜索引擎有搜狐、谷歌、百度等。但如果没有有效链接，用户在搜索引擎中检索有关信息时，就无法找到自己所需的信息。高校图书馆将信息库与这些搜索引擎进行链接，用户在信息查询过程中，只需在这些搜索引擎的搜索栏中输入关键字，就可以方便、快捷地对信息库内的资源进行检索查询。但由于这种链接往往没有设置有效过滤、筛选等功能，在检索结果中往往会夹杂着大量无关信息，使搜索的命中率和效率降低，这也是当前高校图书馆在搜索引擎使用过程中暴露的突出问题之一。

## 二、高校图书馆信息服务存在的问题

在大数据时代，由于信息技术的飞速发展，高校图书馆提供的信息服务资源、所接触的信息环境及服务对象的种类都发生了翻天覆地的变化。高校图书馆工作人员在研究新的服务方式、方法时，也会出现新的问题。

（一）信息资源问题

高校图书馆开展信息服务的基础是馆藏信息资源，主要由数字化资源、电子化资源以及印刷型资源组成。资源的多样化带来了不同资源在保存、使用、管理方面的不同问题，使资源问题也呈现出多样化特点。馆藏信息资源出现的问题会对图书馆信息服务的顺利开展产生不良影响，因此高校图书馆需要科学分析馆藏信息资源在保存、使用、管理方面存在的问题，并加以妥善解决。

1. 信息资源保存问题

电子化、数字化信息资源是大数据时代高校图书馆信息资源的主要组成部分。但这些信息资源往往以磁盘、光盘为载体和存储形式，容易受到消磁、破坏等影响；存储在网络中的信息资源也时刻都面临着遭受黑客攻击破坏、被任意篡改的危险。

2. 信息资源质量问题

在印刷型文件为主流信息来源的时代，图书馆工作人员在整理建设信息库时，可以较为直观地辨别真伪、去伪存真。但网络技术的不断发展产生了各种纷繁复杂的电子信息，其更新速度更加超乎人们的想象，大量的垃圾电子信息也随之产生。如何准确地判定电子信息的价值，及时更新信息，合理、科学地利用网络资源成为大数据时代高校图书馆亟待解决的问题。

3. 信息资源管理问题

印刷型文献是有形资料，日常可以按照图书分类法进行管理。但按照这种办法对期刊进行日常管理时，效果并不理想。就目前的社会现状来看，高校图书馆也难以做到及时有效地加工和整理更新速度快、内容纷繁复杂的网络信息。

4. 信息资源共享问题

由于受到时间、地域等条件的限制，高校图书馆有形信息资料的借阅、使用只能在某一特定范围内进行，无法实现全面资源共享。语言、文化的差异也给高校图书馆信息资源共享带来了诸多不便。

（二）信息资源环境问题

1. 信息政策与法规问题

信息政策与法规对网络信息服务起到法律规范的作用。近些年来，我国在制定信息相关的政策法规方面初见成效，如众所周知的专利法、著作权法等。这些政策法规对规范和有效限制网络信息服务中的不法行为意义重大，但我国信息政策法规仍缺乏完整的系统性和严谨性，在网络信息政策和法规的具体内容上存在漏洞，很多问题亟待明确。此外，电子版权问题也是目前备受争议的问题，其中，如何规范基于网络的电子资源使用许可协议就是信息政策与法规需要解决的问题。

2. 信息安全管理问题

信息用户在网络中查找信息资源时，都会被各种网络不安全问题困扰。当用户浏览网页或者下载资源时，黑客设计的病毒可能会对计算机发起攻击，致使计算机内的重要数据资源和相关程序遭到破坏，更有甚者还会修改系统内的参数，致使计算机无法运作，陷入瘫痪；当用户利用网络发送 E-mail 或者网上购物时，先进的监测技术会神不知鬼不觉地将用户的个人信息和账号盗用、篡改或者删除，使其蒙受经济、人身等方面的损失和伤害，这些都会使信息用户无法放心享受信息服务，降低网络信息服务的优越性和积极性。

3. 技术问题

先进的信息技术是高校图书馆有效、全面开展信息服务的重要前提和保障，只有高水平信息技术的支持才能促进图书馆信息服务更快更好的发展。

目前，国际图书馆界广泛应用的信息推拉技术、加工技术、知识挖掘技术等先进技术都已在信息服务中发挥了无法比拟的作用，是现代科学技术应用于图书馆服务的重要标志。但是，我国在利用先进信息技术方面却不尽如人意。由于缺乏高端技术开发研究人员，在欧美得以广泛应用的先进技术无法在国内发挥其作用。我国信息推拉技术、加工技术、知识挖掘技术等相关技术的研发水平还处于较低层次，导致信息服务频频出现技术障碍，影响信息用户查找信息资源的效率，同时也限制着国内高校图书馆信息服务的发展。

（三）高校图书馆自身存在的问题

随着技术的快速发展，高校图书馆在信息服务各个方面所取得的成绩有目共睹，但是仍然存在着一些较为严重的问题。

1. 建设重复导致资源浪费

随着信息技术的日新月异、蓬勃发展，数字化建设已成为全国高校图书馆网络信息建设的重中之重。数字化建设工程需要大量的人力、物力支持，国内各高校图书馆通过投入大量资金和培养专业人才来完成数字化建设工程。这种做法无可厚非，但各高校图书馆所建设的数字化工程相继出现了信息资源建设和配置重复的现象。这一现象的出现主要是由于各高校图书馆在数字化工程建设时缺乏信息沟通，在管理上各自为政。例如，国内许多高校图书馆由于资金等方面的问题，在数据库、电子期刊使用方面存在限制，许多校内用户在公用网络上无法使用校园网信息资源，校外用户也由于受到身份限制无法使用校园网信息资源。除此之外，各高校在培养综合型人才时往往忽略了信息资源建设的全面性。例如，国内大多数高校图书馆在购置信息资源及设置藏书门类时往往侧重其重点学科，但这种做法与培养综合型人才的目标相悖逆。为杜绝由于重复建设而导致的资源浪费，国内各高校图书馆要加强馆际合作，注重沟通协作，切忌闭门造车，大力发展高校图书馆信息资源的共建共享，努力研发高新技术，通过技术手段的创新来避免各种原因造成的资源浪费。

2. 服务性不强导致资源利用配置不当

这里的服务性主要是指服务针对性，针对性不强是目前国内高校图书馆服务存在的主要问题。高校图书馆服务的信息用户类型较为单一，主要是在校师生，另外还有极少部分的社会信息用户。如果高校图书馆信息服务人员服务针对性不强，服务结构较为单一，就会使校内外的信息用户在面对庞杂的信息资源时无所适从，无法在短时间内找到自己需要的信息资源。导致这一现象出现的主要原因是，高校图书馆信息服务工作者缺乏与信息用户的沟通，采编部门的工作人员在采购书籍前对用户信息需求不知情、不明确，最终采购的书籍并不能满足信息用户的实际需要，不仅影响了信息用户查找信息资源的有效性、及时性，还影响了信息用户对高校图书馆服务的信心，也不可避免地导致了资金、人力和物力的大量浪费。

3. 单一的知识结构无法跟上发展要求

工作人员知识结构的单一是阻碍高校图书馆服务水平与时俱进的绊脚石，具体表现为图书馆工作人员综合知识的缺乏。高校图书馆工作人员可能是某一专业的优秀人才，但在图书馆这个各学科知识汇聚一堂的特殊环境里，只掌握单一专业知识的人才是无法满足实际工作需要的。虽然相比于高校师生较为薄弱的专业信息处理及加工能力，高校图书馆拥有大量图书情报科班出身的人才，但是用户信息要求的多样性、专业性仍然使高校图书馆信息服务人员在工作中困难重重，心有余而力不足。除此之外，国内有些高校图书馆由于自身发展的问题，其机构设置、服务水平及数字资源建设等方面还处于落后阶段，馆内大多数工作人员仍将主要精力放在从事简单的借书、还书等劳动上，图书馆严重缺乏高素质人才和先进技术部门。这类发展较为滞后的图书馆应该多借鉴、学习国内先进高校图书馆的成功经验，如清华大学图书馆、北京大学图书馆等。这些大学图书馆的成功经验不仅创造了巨大的社会效益，也创造了巨大的经济效益。

综上所述，高校图书馆在信息服务发展道路上阻碍重重。但是只要图书馆工作人员正视这些问题的存在，不回避、不轻视，采取强有力的措施将这些问题逐一解决，高校图书馆信息服务就会更快、更好地向前发展。

## 第二节 高校图书馆社会化信息服务创新模式的理论基础

### 一、高校图书馆社会化信息服务模式概述

**(一) 高校图书馆社会化信息服务模式**

**1. 信息服务**

信息服务作为一种特定范围的活动,是与信息和信息工作相关的。信息服务的概念,有广义和狭义之分。广义的信息服务概念泛指以产品或劳务形式向用户提供和传播信息的各种信息劳动,包括信息产品的生产开发、报道分配、传播流通以及信息技术服务和信息提供服务等;而狭义的信息服务则是指专职信息服务机构针对用户的信息需要,及时地将开发加工好的信息产品以用户方便的形式准确传递给特定用户的活动。

**2. 模式**

模式是指事物的各种构成要素相互联系、相互矛盾、有机结合、协调运动、持续发展规律性的外在表现形态或样式。模式是从实践中总结抽象出来、行之有效、得到公众认可、具有代表性的事物结构与运动形式,即某种事物的标准形式或使人可以照着做的标准样式。模式一般具有以下特点:反映所属子项的本质特性、具有一定的示范性、具有一定的规范性。

**3. 高校图书馆社会化信息服务模式**

高校图书馆社会化信息服务模式是指在一定时期内,在特定区域和

特定社会发展条件下，以社会信息用户需求的满足为目标的信息服务的基本方式，它反映了信息服务各要素之间的结构及相互关系，是对各要素的组成、彼此关系程度和作用方式的抽象描述和概括。高校图书馆社会化信息服务模式并不是指理论意义上的、固定不变的、标准的信息服务模式，而是指在实践意义上对不同经济发展地区的高校图书馆开展社会化信息服务，可提供借鉴作用的一种较为固定的信息服务方法、途径和样式。

（二）高校图书馆社会化信息服务模式的构成要素

信息服务活动是在一定保障机制下，以信息用户为导向、以信息服务者为纽带、以信息服务内容为基础、以信息服务策略为手段的活动。高校图书馆社会化信息服务模式是由信息用户、信息服务者、信息服务内容、信息服务策略、保障机制5个部分通过内在运作关系构成的有机统一体。

1. 信息用户

信息用户指高校图书馆信息服务的对象，是具有信息服务需求和条件的社会组织或个人。信息与用户存在一一对应的关系。在信息化社会中人类对信息的需求是多方面的，可以说，社会中的每个人无论从事何项工作、属于何种职业、具有何等知识水平，都在利用信息。因此，高校图书馆社会化信息服务的用户是一个极为庞大、信息需求差异极大的用户群体。根据不同标准，信息用户可以被划分为各种不同类别。根据用户规模，可分为机构用户和个人用户；按照用户工作环境，可分为校内用户和社会用户；按照用户信息需求表达情况，可分为正式用户和潜在用户；按照用户对信息的使用情况，可分为目前用户、过去用户和未来用户；按照用户信息保证的级别，可分为一般用户、重点用户和特殊用户；等等。在实践中，高校图书馆往往根据多种标准进行综合性的用户分类。

2. 信息服务者

信息服务者指提供信息服务的组织或个人。社会信息服务作为一个特殊的社会行业，既有产业化经营部分，又有公益性服务部分。产业制信息服务业包括一切经营性信息服务实体，如广告业、咨询业、文献信息服务经营实体等；公益性信息服务业则包括图书馆、档案馆、信息（情报）中心（所）等。本研究中所提到的信息服务者专指国内高校图书馆。

3. 信息服务内容

社会信息用户的信息需求范围广泛，差异极大，所以以满足社会信息用户需求为目标的信息服务内容也非常广泛，并存在层次性差异。为便于分析，这里分别从信息内容、信息载体的角度对信息服务内容进行分类：

从信息内容的角度看，由于社会是一个复杂的系统，包含工业、农业、财政、科研、环保等许多部门，涉及政治、经济、教育、科学、文化等方方面面的内容。相应地，各个行业领域的理论、技术、产品、研究数据等都是信息服务的内容。用户只有掌握了各类信息，并应用于生产生活实践，才能适时地做出正确的决策。

从信息载体的角度看，信息服务可分为："零"载体信息服务，即口头传播的信息内容；纸质载体信息服务，即以图书、报刊为载体的信息内容；光盘信息、网络服务，即以多媒体、互联网为载体的信息内容。[①]

4. 信息服务策略

信息服务策略指信息服务者为满足信息用户的信息需求所采取的服

---

① 郑幸子：《高校图书馆管理与服务创新》，长春：吉林大学出版社2018年版。

务方式与手段，是信息服务者在提供服务时对各种服务方式和手段进行的合理整合与运用。从不同角度进行分析，高校图书馆社会化信息服务策略可分为以下几种：

根据信息服务者与信息用户的关系程度，分为直接信息服务和间接信息服务；根据信息用户接受信息服务的主动程度，分为主动服务和被动服务；根据信息服务者是否营利，分为有偿信息服务和无偿信息服务；根据信息服务手段的不同，分为传统信息服务和现代信息服务。

5. 保障机制

保障机制包括政策、制度、组织、人员、技术等方面，是信息服务模式可持续健康发展的重要支柱。

**二、高校图书馆信息服务创新的原则**

高校图书馆信息服务创新需要遵循一定的原则，包括可持续发展原则、需求导向原则、特色性原则、协调性原则和效益性原则。

（一）可持续发展原则

信息服务的创新是一个系统工程，是整个社会创新系统中的子系统，无法一蹴而就，需要很漫长的过程，因此要坚持可持续性发展原则。知识经济的不断发展、社会信息资源环境的不断变化、信息技术的不断完善、用户信息需求的不断增长、高校图书馆事业发展的需要等多方面原因促使图书馆信息服务跟上时代步伐，不断推陈出新。可持续发展原则还表现为信息服务的创新要将过去、现在和未来相结合，将局部和全局相结合，将当前和长远相结合。只有可持续性的创新服务模式才能赢得用户的信任，才能赢得良好的社会效益，才能在竞争激烈的信息服务市场中站稳脚跟。

## （二）需求导向原则

创新的目的是为用户提供更满意的服务，是以用户的需求为出发点的。因此，新型的服务必须符合用户的需求，能够帮助用户解决面临的问题，强调适用性。倘若新型服务与用户问题的解决关系不大，那么其类型再多，内容再新颖，也是毫无意义和价值的。所以，高校图书馆应根据用户的知识结构、认识规律、思维能力、使用习惯等来创新服务，围绕解决用户的实际问题来开展信息服务的创新。

## （三）特色性原则

在庞大的信息资源中，用户的信息需求更加趋向于微观化和个性化，因此，信息服务的创新要有针对性和特色性，高校图书馆必须针对个性化的信息用户，创新出有特色的信息服务。特色化的个性信息服务也是高校图书馆信息服务的发展重点和趋向。特色性原则效应就是个性化、集成化、高效化的具体体现。这一原则包含三层意思。

其一，要优先开发本单位的特色信息资源，在服务创新中确立特色服务的主导地位。经过多年的建设，许多高校图书馆在信息资源建设上已经形成了自己独特的风格，在人力资源引进与培养上具备了独特的优势，今后对这些独特优势要优先开发利用，形成特色服务并发挥其作用。

其二，在服务创新的项目和具体内容的选择上要有自己的重点和特色，不能眉毛胡子一把抓，而应有所为，有所不为。

其三，在服务创新的方式、方法、技术手段上不要左顾右盼、缩手缩脚，高校图书馆信息服务创新要灵活多样，重在形成自己的特色。

## （四）协调性原则

创新是系统内各个相关因素相互作用的结果，包括观念创新、服务创新、技术创新、人员素质创新和管理体制创新等。

系统内各个要素是相辅相成的、共同发展的，因此，高校图书馆信息服务创新要坚持协调性原则。与传统图书馆相比，现代图书馆的信息服务在信息资源形式、信息服务形式和服务对象等几个方面都发生了根本性的变化，服务环境也比原来更加复杂。

系统内的任何一个创新要素都是不可缺少的，所以，高校图书馆信息服务创新要全面考虑各个方面，不能顾此失彼，要充分协调好各个环节和要素的关系，发挥系统功能的优势。

协调性原则还体现为高校图书馆在积极开展社会化信息服务的同时，仍然要将拓展面向校内师生和科研人员的信息服务作为服务重点，使二者协同发展，不顾此失彼。

（五）效益性原则

高校图书馆在服务创新中要考虑经济效益和社会效益，努力使这两种效益最大化。在传统观念中，图书馆服务是一项公益性事业，主要通过自身服务能力凸显社会效益。而在高校图书馆开展社会化信息服务的尝试时，也应把经济效益视为不可忽略的重要评价指标。高校图书馆信息服务创新的根本目的确实在于提高其信息服务能力，增强社会效益，但技术的改善、数字化资源的购进、网络资源的维护和更新等都需要一定的经费来维持。而目前高校图书馆还是靠学校拨款，资金有限，所以，高校图书馆在服务创新过程中要考虑成本问题，力争低成本高收益，在成本和效益之间寻找新的平衡点。

高校图书馆信息服务创新坚持效益性原则具体包括三层含义。其一，要善于运用信息经济学的原理来衡量评价服务创新的经济效益，努力提高服务创新的"投入产出比"，提高服务创新后创造的净收益。其二，提高服务创新的社会效益，力求经济效益和社会效益相统一。如果服务创新的社会效益是负值,那么即使经济效益再高,也要坚决舍弃。其三,服务创新要有利于降低用户获取、利用信息的非物质资源(如时间)消耗。

### 三、社会营销理论及其应用

图书馆的主要服务目标之一便是通过为用户提供所需的信息服务来满足其对信息、知识等的需求。要让图书馆丰富的信息资源最大限度地发挥作用,有针对性地满足用户的信息需求,就必须缩短图书馆、信息用户和社会之间的距离,让三者相互沟通、充分了解,使得图书馆能为用户提供最需要的信息服务,最终达到满足用户信息需求的目的,这是图书馆引入营销理念的初衷,也是图书馆营销的根本目的。

社会营销理念最早是在20世纪70年代提出的,这一理论要求企业在两种利益之间寻求平衡,甚至要让眼前利益让位于人类的长远利益。在社会营销理念中,组织的任务是确定各目标市场的需要、欲望和利益,保护或提高社会福利,做到比竞争者更有效、更有利地满足目标市场的期待。企业提供产品,不仅要满足消费者当前的需要与欲望,还要考虑消费者和社会的长远利益,更要关心全社会的福利和进步。简言之,企业进行营销的主要任务就是不断了解和适应客户的需求与兴趣,为其提供满意的产品及服务,从而达到维护客户和社会的福祉及长远利益之目的。

运用社会营销理念指导高校图书馆营销全过程,就要做到将信息需求的发现、信息产品和服务的开发、社会化信息服务的开展与社会的长远目标联系起来,其目的是明确高校图书馆的价值取向,建立个性鲜明的图书馆服务形象,增强竞争力,吸引更多用户。正如企业的营销目的是树立品牌效应一样,高校图书馆的营销过程也是建立品牌的过程。将营销理念引入高校图书馆信息服务创新，能够使高校图书馆及时调整自身的服务观念和管理策略，变被动服务为主动服务，充分推销自己，积极抢占信息服务市场，赢来更大的生存与发展空间。

## 第三节　大数据环境下高校图书馆信息服务创新的途径

### 一、高校图书馆信息服务模式研究

目前，高校正在广泛而深入地进行各项改革，作为高等学校三大办学支柱之一的图书馆也应站在改革的前列，它在教学与科研中起着举足轻重的作用。因此，高校图书馆必须以全新的改革思想转变职能，紧紧围绕学校的办学方针，改革旧的办馆模式，更好地为教学科研和广大师生服务。

（一）由封闭型服务模式向开放型服务模式转变

在过去，高校图书馆的工作任务主要是收藏保管图书文献，所提供的服务是封闭的、静止的、被动的，工作人员以管理图书为主，主要工作方式是借借还还。在大数据时代，这样的封闭型管理模式已不能适应社会发展的新形势。因此，高校图书馆寻求改革首先要更新观念，创造出一个新的管理方式，彻底抛弃封闭型的服务观念，将知识宝库的大门向读者敞开，尽快实行一系列全方位开放型服务，让读者成为图书馆的主人，在选取图书、查阅资料等方面给予读者最大的自由度，以便读者更好地发挥其主动性、进取性和创造性。

过去在衡量图书馆办馆水平的标准上，往往偏重于藏书的数量，总以为数量越大,水平越高。现在看来,藏书不仅仅是为了保护收藏,更是为了开发利用图书资源。衡量一个图书馆办馆水平的高低,应该着眼于所藏图书是否能最大限度地有效开发和利用。一个图书馆信息资源利用得越多越广,所带来的社会效益和经济效益也就越高。因此,高校图书馆务必充分利用藏书丰富、设备先进、人才济济的优势,最大限度地对读者开放,确保满足大数据时代信息开放的实际需要。

以西北农林科技大学图书馆为例,该馆为了满足计算机技术和网络技术的发展需求,及时调整观念,按照"高标准建设,加强运行管理,充分发挥功能"的思路,在新馆建设过程中,增加信息点的数量,改变目录厅的布局和增加读者休息、参观的场所,阅览座位增至2050个,电子阅览室终端也由110台增加到444台,形成了开架借阅和联机检索为一体的开放型服务体系,积极主动地应用科学技术改善服务水平,追求科学精神和人文精神两者和谐发展。

(二) 由被动型服务模式向主动型服务模式转变

现代科学技术高速发展和新技术革命的挑战,要求高校图书馆管理人员必须以崭新的服务面貌和积极主动的高效优质服务,配合学校的中心工作,紧紧追逐和洞察当今世界各学科领域的最新发展趋势,为学校教学科研人员及时提供准确的信息。比如预测跟踪服务、联合开发科研项目、定期编印发放题录索引、举办信息发布会、主动上门为用户服务等,都是一些很好的服务形式。高校图书馆还要密切注意掌握大学生成才的内在心理需求和思想动态,不断丰富、充实和调整学生的信息渠道来源。同时,搞好阅读指导、报告会专题讲座、阅读倾向调查、论文征集、文艺沙龙等活动,对及时指导帮助大学生成才起着至关重要的作用。一个现代化的高校图书馆必须重视对文献信息的开发和利用,注意把"死"知识变成"活"情报，使潜在的知识为读者利用，成为有价值的智力资源。因此，高校图书馆的工作人员应不断开拓服务的新路子，把新的信息和学术研究动向主动提供给读者。不仅要做到"为人找书"，还要做到"为书找人"，有针对性地将最新资料提供给读者。

（三）从"信息情报型"服务模式向"育人育才型"服务模式转变

高校图书馆除了满足学生专业需要外，还要特别注意配合学校加强对大学生的政治思想教育，按照把德育放在学校工作首位的要求，做好马列主义、毛泽东思想、邓小平理论、"三个代表"重要思想、科学发展观、习近平新时代中国特色社会主义思想等书刊的收集、整理、宣传、推荐、流通管理工作，举办书籍展览、讲座、报告会等，并开展多种形式的导读工作和书评活动，引导读者读好书、做好人。高校图书馆收藏的文献是前人思想的结晶，一本好书，不但能给予人知识的营养，还能给人注入勇往直前的精神力量。随着一个人知识的增长，其分辨是非的能力也会增强，良好的品德也会在这个过程中自觉养成。人们在汲取知识、利用知识的过程中需要不断实践探索，这样其自学能力和创造能力就会得到锻炼。当人们真正走进图书馆，把自己置身于那些古今中外的伟大心灵之中，去感受、去品味、去探索、去追求知识时，就会不自觉地产生一种科学向上的精神，而这种精神正是当今时代需要的一种良好素质。在大数据时代，我们需要造就一批高素质大学生，他们不但需要有良好的知识结构，而且还要有深厚的文化底蕴和创造性思维，这些都需要依靠高校图书馆来实现。

（四）由内向型服务模式向外向型服务模式转变

高校图书馆普遍具有信息服务优势，这种优势实际上是一种资源优势。但是，长期以来在传统观念的支配下，高校图书馆对所拥有的信息资源进行利用，往往仅停留在为学校教学科研提供内向服务，致使许多宝贵的图书资料难以发挥应有的作用，造成很大的浪费。为此，高校图书馆必须端正认识，树立为社会主义市场经济服务的指导思想，在保证服务好校内的前提下，面向社会，实行开放式办馆，为经济建设主战场服务，从而进一步密切学校与社会的联系。随着市场经济的发展和大数据时代的到来，企业对信息的需求越来越明显，图企联合有其客观必然性，两者联合能优势互补，共同受益。一方面，有偿服务能为高校图书馆带来一定的经济效益，在一定程度上缓解资金紧张的问题；另一方面，高校图书馆可以借鉴企业的改革经验和经营之道，以促进图书馆的体制改革。高校图书馆应在这方面进行大胆尝试，尽快走出一条图书馆与企业联合的新路子。

在新的历史时期，图书馆作为人类进步的重要标志，其重要性愈加凸显。高校图书馆一定要抓住机遇，深化改革，转变职能，加快发展，担负起文献信息中心的社会重任，更好地为教学科研服务，为促进社会文明建设做出重要贡献。

（五）由资源单纯利用型向资源建设型转变

高校图书馆花费巨资购买数字资源已是相当普遍的现象，尤其是"双一流"重点高校，文献购置中数字资源的购买比例逐年上升。以西北农林科技大学图书馆为例，其2004年购买数字资源的经费已超过文献购置费的30%。高校图书馆购买数字资源的重点一般集中在三个中文期刊全文数据库，即"中国期刊全文数据库"（简称为清华库）、"中文科技期刊数据库"（简称为重庆库）和"万方数据——数字化期刊"（简称为万方期刊）。国外高校图书馆订购的数据库也有许多类同之处，所以高校图书馆的数字资源普遍存在资源单纯利用型多而资源建设型偏少的现象。实现利用资源与创造资源相结合，就需要高校图书馆领导高度重视，设计出总体方案，争取专项资金，搭建一个平台，组建一支队伍，分阶段分目标地实现本馆的资源建设计划。

## 二、高校图书馆信息服务举措

### （一）服务理念的创新

高校图书馆要寻求信息服务的创新，首先必须树立信息服务的强烈意识。这就要求高校图书馆必须革新观念，抛开传统的读者服务观，实现从传统服务观到新的信息服务观的转变，为信息服务的创新确立一个新的、更为合理的起点。

高校图书馆要寻求信息服务的创新，不仅要实现从传统服务观到新信息服务观的转变，更要在此基础上进一步树立创新意识。面对社会信息环境的不断发展变化、信息资源体系的变化和用户信息需求的千差万别，高校图书馆和信息服务人员需要树立创新意识，相应地对信息服务进行调整、适应，不断挖掘、开发、利用能有效满足信息需求的新的服务因素，始终牢记先进的服务理念才是创新的基础。

当前，高校图书馆信息服务创新应重点打造三个方面的理念。

1. 服务是一种品牌

杨剑先生认为：图书馆服务品牌是指图书馆在利用自己馆藏资源及其所能获取到的信息资源为读者提供服务的过程中所形成的，并长久坚持的具有特色的服务规范。程亚男女士认为：如果一个图书馆能够通过自己的某种独特性——或一定的规模和馆藏，或某一信息产品，或某一特色服务，在同一行业中形成差别优势，那么，这种优势就是品牌。图书馆服务品牌的主要目的是提升图书馆的服务质量，以便读者能最大限度地利用图书馆资源，更好地体现图书馆存在的社会价值。以国内图书馆为例，上海地区文献资源协作网于2001年5月正式开通了网上联合知识导航站，由上海图书馆、复旦大学图书馆、交通大学图书馆、上海社科院图书馆、中科院上海文献情报中心、华东师大图书馆及同济大学图书馆7家单位的16位中青年参考馆员志愿参加。该系统通过联合解答来自广大用户各种各样的问题，积累了较丰富的网上参考咨询经验，建立起品牌服务，深受广大读者好评。

2. 服务是一种文化

程亚男女士认为：图书馆的服务也是一种文化。由于服务没有限制和止境，图书馆服务文化的内涵也极其丰富。读者来到图书馆，图书馆工作人员有责任为其提供优良的读书环境，更有责任为其找到他所需要的资料，这一服务的过程是传播文明的过程。图书馆服务具有其独特的规范和价值观，这些规范和价值观的总和就是一种图书馆文化。图书馆文化强调对馆员普遍认同的价值观的塑造，力求在图书馆内部营造一种和谐一致、积极向上的文化氛围，发挥整体的文化优势，增强集体凝聚力。图书馆特有的知识底蕴、特有的人文环境、特有的行业规范和特有的价值追求，都衬托着图书馆服务的文化品格。这种文化品格象征着图书馆服务的高尚与高雅、神圣与光荣。

3. 服务是一种获得

图书馆服务是为了使知识得到传递，是为了使公民素质得到提高，是为了使读者需求能被满足，是为了在这样崇高的工作中实现人生的价值。图书馆服务赋予图书馆人以高尚的荣誉、真诚的尊敬、奉献的欣慰、清苦的价值和文化人生的伟大。

(二) 服务内容的创新

从图书馆服务发展趋势看，高校图书馆服务的内容急需拓宽，其主要趋势是增加信息服务和便民服务的内容。在信息服务方面，主要是扩展网上信息导航服务内容，加大开展参考咨询服务的力度，努力从文献服务向知识服务演进，提高高校图书馆服务的知识含量。

1. 掌握读者信息需求特点

只有很好地把握读者对信息的需求特点，高校图书馆才能更好地发挥资源优势，从而满足广大读者的需求。

读者的信息需求有以下两个特点：一是信息需求的全方位和综合化。在现代信息环境与科技条件下，读者迫切需要的是内容全面、类型完整、形式多样、来源广泛的知识信息，要求图书馆能针对读者所承担的具体任务，提供全程性、全方位的知识信息保障。二是信息的开放性与社会化。一个图书馆很难独立为读者提供全方位、综合化的信息需求，这就要求多个信息单位协同服务，实现信息资源共享。具体从以下几个方面开展：一要借助网络，二要开展馆际交流，三要信息的电子化与网络化。高校图书馆读者需要对学科动态时刻关注，电子资源将成为他们获取信息的主要渠道，在这一背景下，高校图书馆就要做到让读者足不出户就能通过图书馆提供的网络信息服务实现自身需求。

2. 高校图书馆必须转变特色文献资源收藏

学校以学科建设为龙头，以学科次序交叉和新的生长点为发展主线，通过传统学科与生物、现代信息技术等高新技术领域的有机结合，促进相应学科向智能化、自动化和基础性研究方向发展，学科领域不断拓宽。同样，各高校图书馆在选定重点、特色学科的基础上，要根据本校的专业设置，注重收藏与科研相关的学科专业文献，并逐步形成学科特色；要以本专业重点学科建设、专业特色和科研开发为依据，对本专业的学科点有一个全面的了解，掌握本专业重点学科研究发展的趋势；还要注意加强馆际合作，一是合作采购或租用共同的数据库，二是共同开发和互相通报可利用的网上资源。如教育部的"中国高等教育文献保障体系文献信息"项目就建成了多个具有特色的数据库。高校图书馆在购书经费的使用上还应加大对特色文献购置的力度，减少消遣、娱乐性的购书经费。

为了保证特色收藏，高校图书馆要把补充新书与剔除旧书相结合。20世纪80年代，有的传统高校图书馆出于对收藏书刊数量的追求，出现复本量过大或有很多不适应重点学科特色收藏的文献资料的情况。为了保证高校图书馆特色收藏的有效性与新颖性，使高校图书馆能容纳很多质量高、有价值的重点学科特色文件，有必要定期进行藏书剔旧工作。首先对复本量过多、长期损坏的书刊予以剔除，其次对过时的、不适合本专业、没有保存价值的书刊予以剔除，从而腾出一线书库架位，容纳新的书刊，提高高校图书馆特色收藏的质量。

除此之外，高校图书馆还要注重非正式出版物的特色收藏。非正式出版物包括本校历届的博士、硕士学位论文，科技报告、国际国内学术会议文献等。它们都具有学术价值高、引用资料广泛、论述系统等特色，是每个高校图书馆所特有的、独一无二的、极有价值的科技文献。高校图书馆可以对大量的一、二次馆藏文献进行深加工，通过系统搜集、分析研究、归纳整理，以综述、述评、课题研究报告、专题总结等形式开发三次文献，提供给科研、教学等单位。这种文献所提供的是一种创造性的再生信息，属于高级的文献信息资源特色收藏。另外，从整体上说，国内文科方面院校的图书馆在人文社科方面的数据比较丰富，理科方面院校图书馆在自然科学方面的文献比较完备，这两方面高校图书馆可以优势互补，把具备各自馆藏特色的非正式出版文献资源输送到网上，使双方的文献资源都能得到丰富。

3. 为教学科研提供优质服务

高校教师想要高质量地完成教学任务，必须要做到讲课内容的新颖、准确和全面。这就要求教师尽可能地吸收本学科领域最新的科研成果、准确的数据资料、生动的时事素材和典型的事例分析来充实教学内容。而这些都需要查阅大量的参考资料，高校图书馆正是查阅这些参考资料的首选之地。当代科技发展日新月异，高校教师要使自己经常保持较高、较新的业务水平和知识结构，就必须不断地进行专业知识学习和更新。而这种更新除了很少情况下可以通过脱产进修完成外，大都可以通过查阅图书资料自学完成。

教与学是一个互动的过程，为了更好地理解和掌握课堂所学的知识，高校学生也需要阅读大量的课外辅导资料来巩固专业知识和拓展知识面。此外，高校图书馆也为学生兴趣的培养提供了广阔的空间。在校期间，大学生思想活跃、兴趣广泛、易接受新事物，其阅读需求往往不受专业限制。高校图书馆提供的信息资源包罗万象，学生可以根据自己的兴趣爱好查阅相关信息，开阔自己的视野，以发展自己的业余爱好和专业兴趣。

在科研工作中，高校图书馆作为信息提供者，在课题立项前，要积极参与做好选题、调研、查询、论证工作，确保课题新颖、科学、实用，定题以后，高校图书馆还要参与课题进程研究，根据课题需要查验与课题相关的信息资料，及时提供给有关科研人员，使他们及时掌握研究领域的新动向，做好科研活动的参谋工作。

此外，基于大数据时代网络检索的普遍应用，高校图书馆应设计相关课程，教授读者网络检索相关知识与技能。通过课程学习，可以提高读者收集和利用信息的技能，使其可以有的放矢地快速查询所需信息。

4. 加强对图书馆服务工作的科学研究，拓宽开发利用的途径

高校图书馆必须组织部分人力和物力进行学术研究，探讨科学技术发展与高校教学科研及教育改革的关系，探讨新理论和新方法，以不断

解决新问题。还要经常性地举办一些区域性的高校图书馆工作学术研讨会，就新形势下经济、社会、教育活动的一般规律、热点问题以及高校图书馆所能提供的知识信息服务等方面交流各自的成功经验，以不断改进服务工作方式和提高工作效率。

为充分利用现有的馆藏资源，最大限度地发挥图书馆资料的社会效益，高校图书馆必须重视馆藏资源的开发与利用，尤其要注重边缘和交叉学科资源的开发。现阶段高校图书馆必须建立与教学活动沟通的体制，建立强有力的信息接收系统，在文献信息资源开发配置上，必须以充分满足主体教学活动为依据，以高效优质文献信息服务为图书管理工作的出发点和最终目的，更好地满足教学科研对文献资源的基本要求。首先，要建立"馆、系、室一体化"文献开发与配置的管理体系。其次，要多渠道、全方位获取信息，以增加图书馆的信息量，利用现代化手段，加强网络建设和本馆内的数据库建设，通过互联网在更大的空间中获取信息，通过校园网做到图书馆与各院、系资料室的资源共享，通过校际网做到校际信息互通，真正做到校际资源共享，从而根本改变文献信息资源开发配置的落后状态。特别是要做好科技期刊的数据库建设，优化馆藏资源配置，做好二、三次文献的收集与整理工作，不断提供全新和高效的检索工具。具体做法如下：

（1）针对科研课题和方向进行文献数据库建设。高校图书馆要主动深入课题组了解文献信息需求，承担各种查新、检索工作，根据课题方向做好文献数据库建设工作。

（2）针对重点学科进行数据库建设。各个高校都有自己的办学特色，都有自己的重点学科，高校图书馆要按学科级别、学科层次进行层次不同的数据库建设。

（3）针对教学需要进行有关教材、习题、参考书的数据库建设。

高校图书馆要深入各教学院系，了解教师、学生的文献要求，要将读者需求量较大的习题、参考书等制作成题库数据库或购置题库课件、光盘等挂到图书馆主页，在校园网上为广大读者提供服务。

（4）针对学生素质教育进行有关数据库建设。高校是培养创新精神和创新人才的摇篮，高校图书馆是大学生汲取知识、增长才干的重要场所。高校图书馆可以根据不同特点学生的不同需要，建立素质教育推荐图书书目数据库、素质教育期刊文献数据库等，以供读者使用。

（三）服务方式的创新

1. 开展个性特色的数据库信息服务

高校图书馆要进行高质量的知识服务，必须建立丰富的、具有个性特色的文献资源数据库，才能满足各层次用户的各种需求。具体做法如下：

建立馆藏书目数据库。这是图书馆最基本的数据库建设，即将本馆传统手工文献目录转换成机读目录格式，但其加工更加详尽、文献揭示更加深入，且具有网上查询和馆际互借功能。

建立联合目录数据库。该数据库是实现馆际互借、资源共享的必备工具。没有联合目录的"共知"，用户就不可能获得图书馆之间的"共享"，有了联合目录，馆际互借、通借通还才有条件付诸实施。另外，联合目录数据库建设也有利于地区间的协作采购，有利于文献资源保障体系的建立。

建立特色文献数据库。图书馆自建特色数据库有效地开发了馆藏资源，能拓宽其利用面，是一种极好的服务方式。国内一些高校图书馆纷纷建立了自己的特色数据库，这些数据库是反映各馆特色、吸引读者、提高图书馆影响力的关键。如北京大学图书馆的"古籍拓片数据库""基因数据库"，清华大学图书馆的"科技新刊报导数据库"，中国农业大学的"农书古籍图片数据库""棉花文献文摘数据库""肉牛养殖专题数据库""'农业108'玉米专题数据库",西安交大图书馆的"钱学森特色数据库",上海交大图书馆的"机器人信息数据库",南京师范大学的"唐宋金元词数据库"等。

建立馆藏文献信息开发数据库。这是对文献进行深层次开发、提高服务层次的重要措施。如华东师范大学的"基础教育数据库"。

建立虚拟馆藏数据库。高校图书馆馆藏已经不仅仅是对资源的实际拥有,越来越多的是对信息使用权的拥有,比如在线数据库就属于后者。因此,对于高校图书馆来说,通过WEB站点为用户提供一个集成的、可访问本地和远距离存取数据库的服务是一种很有价值的服务方式,它不仅大大扩展了馆藏的范围,而且大大方便了用户的检索利用。另外,高校图书馆可根据本馆特点和读者需要,组织专门队伍,对网上信息资源进行选择、加工、组织,通过下载和建立链接的方式,形成方便本馆用户利用的资源体系,供用户使用。该库也是扩大馆藏范围,建设数字化图书馆的基础。

2. 有效地组织网络信息资源以便用户利用

浩如烟海的网络信息资源,一方面让用户体会到了自由浏览的畅快,另一方面却让用户面临着准确查找所需信息的困难。目前网络资源庞大且良莠不齐,要求高校图书馆扮演导航员和评价者的角色。高校图书馆应以此为指导思想开辟多样化的新型信息服务,有效地组织网络信息资源以便用户利用,成为图书馆信息服务新的内容。

许多图书馆在WEB站点中将对用户有用的网上免费信息资源和重要的站点按主题进行了排列,建立链接以方便用户查询和使用,如普林斯顿大学图书馆WEB站点的"数字收藏"、清华大学图书馆WEB站点的"馆外电子资源"等都提供这种服务。而对网上专题信息资源进行挖掘，以扩展其有效利用面的服务，更能满足专业用户的信息需求，如英国通过其数字图书馆（ELIB）项目的开发，建立了包括医学、管理、工程、数学、物理等的专题门户站点；美国密歇根大学图书馆制作的"面向内容的因特网资源指南"会对网络信息资源进行重新包装，很受欢迎；而由澳大利亚研究理事会与各大学图书馆共同合作开发的农业资源网站——澳大利亚农业门户网站，以鉴别和传播高质量的农业研究信息资源为目的，为用户提供有价值的农业信息。近年来，国内建立的专业信息导航库也取得了一定成效，如交通运输部科学研究院建立的交通信息导航库、上海医科大学建立的医学导航库等。

此外，庞杂的网络信息体系与用户精准查找信息之间的矛盾促使网络信息的智能化跟踪查找成为信息服务发展的方向，这类服务一般具有智能性和自学习机制，可以通过对用户信息行为的分析自动帮助用户搜索网络资源并提供相应信息，高校图书馆信息服务应充分吸收其思想并积极参与到相关技术的开发中去。

3. 高校图书馆共建合作的中国高等教育文献保障体系

61所高校图书馆共建合作的中国高等教育文献保障体系（CALIS）就是一个典型例子。在这一保障体系下，高校图书馆的服务从简单的文献传递、参考咨询向网络服务、学科馆员拓展，从手工到数字服务方向发展，其服务的深度和广度都发生了巨大的变化。

参加CALIS建设的各高校图书馆根据各自专长分工生产不同主题的数据库，共建网上资源体系，避免重复购置和建设，实现了资源、资金、人力的合理配置。目前CALIS正以建设联合目录数据库为基础，建立以联机合作编目、书目资源公共查询和馆际互借三大服务子系统为主的资源共享系统。此外，上海市中心图书馆的建设也取得阶段性成果。该中心图书馆并非建立各分馆的简单联盟，而是使之在一个总框架下进行集约化合作，分工合理、结合紧密。如黄浦分馆成为国内外经贸信息的窗口，静安分馆以商务信息咨询为特色，上海交大图书馆则利用计算机和自动化优势介入中心图书馆的网上编目、采购和馆际互借等应用软件开发，加快上海市数字图书馆的建设步伐。这些分馆之间共享网上信息资源与服务，合理配置书刊资源，实现了人才、技术和资源的优势互补，真正做到了信息资源的共建共享。

总之，无论图书馆信息服务如何变化，其服务方式是恒定不变的，即服务者与用户的沟通。传统信息服务的拓展，就在于采用更多更新更好的方式来促进双方的直接沟通。在现代信息技术的支持下，图书馆的信息服务在一定程度上得以电子手段来代替人与人之间的直接交流，并从中了解用户的需求，提供针对性服务，如信息推送服务、一对一服务等。但是这种电子手段的代替，限于人工智能等技术的发展水平，仍然无法和人与人之间的交流完全等同。因此，高校图书馆信息服务一方面应加强和补充与用户的直接交流，另一方面也要积极参与到上述人工智能等技术的研发中去，不断增强其实用性。这些新的服务方式无论其表现形式如何，无论其中技术参与度的高与低，甚至无论其服务层次的深与浅，只要有利于满足用户的个性信息需求，有利于解决用户所面临的问题，就值得高校图书馆去开发和提供。当然，相较于传统的信息提供服务，深层次的知识信息服务必定以其更高的信息综合度和面向用户适应性，成为未来高校图书馆信息服务发展的主要方向和主流趋势。

4. 用户培训，充分快捷地利用信息资源

在大数据时代，高校图书馆在完善设备、扩大馆舍的同时，也要在服务水平、范围、深度上下功夫，使图书馆走上良性发展的道路。

在信息技术和网络技术快速发展的今天，首先，高校图书馆要加强高校师生的信息素养教育，举办各种讲座，培养师生的信息意识、信息能力。

其次，为高校的科研成果引路。高校图书馆应重点了解学校和科研的动态，摸清各重点科研及实验室的科研内容和方向，开展专题信息服务，主动收集国内外有关情报资料，为学校的教学、科研、技术开发提供课题查新、资料编译、情报咨询和定题服务；建立硕士、博士论文全文数据库，将高级人才的学术成果专利、科技成果等信息收录起来，出版专门介绍高校科研服务成果的汇编，为成果转化铺路搭桥；结合本校学科专业特色，利用网络资源，有重点地开发本校的特色信息，在网络上为师生开展信息咨询服务。

最后，远程服务将成为高校图书馆今后的发展目标之一。随着高等教育大众化的来临，全国高等学校招生规模急剧扩大，作为特殊产业的高等教育，必须解决一连串的新问题。由于高等教育目前规模有限，远程教育将成为高等教育的一种新的办学模式。各高校要加快校际网络建设，实现内部远程教学，通过校际网络实现图书馆信息资源共享与高效利用。高校图书馆也要结合学校教学进行远程服务。远程服务是图书馆依托全球化的计算机网络，突破了空间和时间限制提供的一种完整的信息服务。高校图书馆将结合学校专业特点，建立包括教学、参考书在内的学科万维网主页，开展交互式服务，开展远程教育和学术探讨活动。同时，高校图书馆还可以与教务处合作，制作和收藏各种课程的音像资料供师生与用户利用。另外，高校图书馆也可以建立读书网，指导读书活动，为学生在网上进行读书心得交流提供阵地。

总之，高校图书馆要充分利用现代化信息技术，开展网络教育和远程教育。通过远程服务，图书馆将以信息收集者、整理者和传播者的角色成为社会信息系统和教育体系的重要组成部分。可以说，远程服务是高校图书馆的新起点。

第六章

# 大数据环境下高校图书馆信息化的多元发展

大数据时代，随着信息化、网络化的飞速发展，世界各地的文献、数据等信息资源通过互联网进行全球性的共享和交流。在全球性信息化的形势下，图书馆建设的多元化发展也是在顺应时代发展的要求，本章即针对大数据环境下高校图书馆信息化的多元发展进行研究与分析。

## 第一节 高校数字图书馆特色资源建设

数字图书馆建设是高校图书馆一项长期而又艰巨的基础性工作，资源建设是数字图书馆建设不断发展和完善的关键，而特色资源建设又是数字图书馆资源建设的必然选择，加强特色资源建设对数字图书馆建设而言，具有非常重要的意义。高校图书馆的特色数据库建设要充分利用最新的数据库和网络技术，开发高效的检索算法，实现多途径检索，力求为用户提供浏览、查询、导航、全文和多媒体资源等全方位一站式服务。

## 一、高校数字图书馆特色资源建设的现状

### （一）高校数字图书馆的特色馆藏资源

馆藏资源是图书馆收集、整理、保存并为读者所利用的各类文献的总和，具体包括印刷型文献、数字型文献及其他文献（包括光盘、磁带、缩微胶卷）等。"211"工程高校图书馆的特色馆藏资源均涉及上述几个文献类型，其中以数字型文献居多，即高校图书馆的特色馆藏建设多注重数字型文献的建设。只有北京大学、清华大学和中山大学等为数不多的高校图书馆在主页上有关于印刷型文献馆藏资源的介绍。另外，一些高校图书馆也将随书、光盘等其他类型的文献建成了可供检索下载的数据库，如安徽大学图书馆、北京林业大学图书馆、东北师范大学图书馆等。

### （二）高校数字图书馆特色馆藏资源的主题分布

分析高校图书馆特色馆藏的主题分布，有利于了解高校图书馆特色馆藏建设的现况并对其进行定位，还可以为其他高校图书馆的特色馆藏建设提供参考。高校图书馆特色馆藏资源主要包括：学科特色资源、学校特色资源、多媒体资源、地方特色资源、外部资源、网络导航库、专题网站（教学参考书、古籍特色资源、期刊导航、馆藏图书、专家学者特色数据库）等。

1. 学科特色资源

高校图书馆是为学校的教学科研服务的机构，而高校的特色学科发展是学校发展的命脉，因此，学科特色馆藏建设是特色馆藏建设的重中之重。高校图书馆学科特色资源主要包括两类：第一类是学科专题数据库，如北京邮电大学图书馆的"邮电通信专题文献数据库"、清华大学

图书馆的"建筑数字图书馆"、中国海洋大学图书馆的"海洋文献数据库"等;第二类是学科导航,如四川大学图书馆的"中国语言文学网络资源导航库"、中南大学图书馆的"重点学科导航"等。

2. 学校特色资源

学校特色馆藏主要包括五个方面的资源:一是本校师生撰写的学术著作、论文,如北京航空航天大学图书馆的"EI 收录北航的文章"、清华大学图书馆的"清华文库"、中国人民大学图书馆的"教师成果库"等;二是硕士、博士学位论文,如西南大学、吉林大学、兰州大学、燕山大学等高校图书馆的"硕博学位论文库";三是专家教授、国内外社会名流的演讲稿,如北京大学图书馆的"北大讲座"视频点播资源库;四是学校出版社出版的学术性文献、学校校志、年鉴,如清华大学图书馆的《清华大学学报》、上海交通大学图书馆的《上海交通大学志》《上海交通大学年鉴》等;五是本馆出版物,如电子科技大学图书馆的"馆内刊物"等。

3. 多媒体资源

在高校图书馆特色馆藏资源中,多媒体资源中光盘数据库的数量较多,如安徽大学、海南大学、上海交通大学等高校图书馆对附属光盘进行了数字化转换、编辑、压缩等技术处理,将其转换成计算机可以识别的数字化资料,储存在计算机网络服务器上,实现光盘的网上视听阅览,从而进一步实现资源共享。除此之外,还有形式多样的多媒体资源,如清华大学图书馆的"音视频资源库"、中国科学技术大学图书馆的"VOD 视频点播平台"、中国人民大学图书馆的"缩微资源"、东北林业大学图书馆的"多媒体资源数据库"、兰州大学图书馆的"影像资料数据库"等。

### 4. 地方特色资源

高校图书馆地方特色资源一般包括两部分内容：一是地方性专业、学科所需的文献；二是地方文献，其范围很广，凡记载某个地区过去与现在的政治、经济、文化、教育、地理、重要人物事件、风土人情及民间习俗等方面内容的书刊文献，均可称为地方文献。如北京大学图书馆的"北京历史地理"、海南大学图书馆的"海南旅游资源库"、四川大学图书馆的"巴蜀文化特色库"、合肥工业大学图书馆的"陈独秀特色数据库"、内蒙古大学图书馆的"蒙古学特色库"、安徽大学图书馆的"徽学论文全文数据库"、南昌大学图书馆的"'红色江西'特色数据库"、西南交通大学图书馆的"峨眉山世界自然与文化遗产特色数据库"、兰州大学图书馆的"敦煌学数字图书馆"、宁夏大学图书馆的"西夏文化数据库"等。

### 5. 外部资源

外部资源是指非本校图书馆自建，而是通过链接实现共享的其他单位的资源。我国高校图书馆的外部资源主要包括：CALIS 中心资源，涉及"高校教学参考书全文数据库""CALIS 专题特色数据库中心网站""CALIS 重点学科导航库""CALIS 联合目录查询"等子项目资源，目前大部分高校图书馆的网站都有这类资源链接，其中使用最多的是"CALIS 重点学科导航库"；JALIS 中心资源，如河海大学图书馆的"JALIS 重点学科导航系统"、南京师范大学图书馆的"JALIS 教材及教参数据库"和"JALIS 教育学文献中心"等；其他外部资源还有南京理工大学图书馆的"城东高校联合体"、四川大学图书馆的"高等学校中英文图书数字化国际合作计划"、中国科学技术大学图书馆的"NSTL 资源整合检索平台"和"国防科技信息服务系统"等。

### 6. 网络导航库

高校图书馆的网络导航库主要分为三类：第一类是本校学科导航，如广西大学图书馆的"广西大学重点学科导航库"和四川农业大学图书馆的"四川农大重点学科导航库"等；第二类是各类期刊与网络资源导航，如东北师范大学图书馆的"东北网址导航库"、重庆大学图书馆的"学术期刊导航库"和四川大学图书馆的"口腔医学网络资源导航库""皮革导航数据库""中国语言文学网络资源导航库"等；第三类是各类高校项目合作组织资源导航，如中国药科大学图书馆的"JALIS 重点学科导航库——生药学及中药学"、云南大学图书馆的"CALIS 导航库"和西北工业大学图书馆的"CALIS 重点学科网络资源导航库"等。这类资源最为丰富的是东北林业大学图书馆的外部资源导航库，包括"西文期刊导航库""英语学习站点导航""国内主要报纸导航库""全球重要信息导航""国家级重点学科导航库"。

### 7. 专题网站

专题网站主要包括中国人民大学图书馆的"经济学知识门户"、北京交通大学图书馆的"数字铁路博览馆"、重庆大学图书馆的"西部轻合金信息网"、内蒙古大学图书馆的"蒙古学信息网"、东北林业大学图书馆的"冷泉港实验室中文网站"、中国科学技术大学图书馆的"火灾科学学术资源网"、武汉理工大学图书馆的"信息技术学科信息门户""材料复合新技术学科信息门户""交通运输学科信息门户""船舶与海洋工程信息门户"等专题网站。

### （三）高校数字图书馆各类专题中的特色资源的类型

各类专题中的特色资源主要有以下几类：一是本校或本馆的各类出版物的电子版，如清华大学图书馆的《清华大学一览》《新清华》，南京师范大学图书馆的"校内出版物""本馆出版物"等；二是本校专家库与教师的学术成果库，主要包括论文和获奖情况等信息，如中国人民大学图书馆的"中国人民大学教师成果库"等；三是各高校图书馆结合自身重点学科制作的学科专题数据库，如北京交通大学图书馆的"铁路交通运输特色数据库"、大连海事大学图书馆的"中国航运信息资源库"、北京林业大学图书馆的"馆藏文献花卉库""馆藏文献蝴蝶库"、南京航空航天大学图书馆的"航空航天民航特色资源"；四是各类高校项目合作的成果，如苏州大学图书馆的"清代图像人物研究资料数据库""张謇研究特色数据库""车辆工程特色文献数据库""海洋专业数据库""中外药品质量标准数据库""汉画像石砖数字资源库建设与研究""混凝土安全性——碱集料反应专题数据库""公安文献全文数据库""矿业工程数据库（以煤矿行业为主）""食品科学与工程专题数据库"就是江苏高等教育文献保障系统联合各高校制作的项目成果，中国科学技术大学图书馆的"NSTL 资源整合检索平台""NSTL 引进资源"就是国家科技图书文献中心的项目成果，四川大学图书馆的"高校联合书目数据库（CALIS）"就是中国高等教育文献保障系统的项目成果，华南理工大学图书馆的"轻工技术现代图书"就是高等学校中英文图书数字化国际合作计划项目的项目成果。

（四）高校数字特色资源的主题分布

1. 基于地域资源的数据库

以反映特定地域和历史传统文化，或者与地方政治、经济和文化发展密切相关的独特资源为对象构建特色数据库，往往成为高校图书馆建设特色数据库的首选。如西南交通大学图书馆的"峨眉山特色库"、四川农业大学图书馆的"大熊猫专题库"、西华师范大学图书馆的"南充名人信息网"、阿坝师专图书馆的"羌族藏族研究文献数据库"、贵州财经学院图书馆的"贵州经济电子地图"、重庆大学图书馆的"抗战历史库"、西南大学图书馆的"抗战文献库"等。

2. 基于学科专业的专题数据库

学科专业的特色性能体现出一个高校办学的特色,因此,高校图书馆注重以本校学科专业的特色来建设专题特色数据库,如四川农业大学图书馆关于农业畜牧方面的六个特色数据库、成都中医药大学图书馆的"养生保健数据库"、西华大学图书馆和重庆大学图书馆的"汽车特色数据库"、重庆大学图书馆的"生物医药数据库"、西南大学图书馆的"农业经济管理专题库"、四川理工学院图书馆的"酿酒数据库""中国盐文化数据库"等。

3. 基于学校教研成果的数据库

学校师生特别是教师的科研成果能反映出一所学校的科研能力,以此为对象组建特色数据库也是众多高校图书馆的选择,如西南交通大学图书馆的"交大教学参考书数据库"、电子科技大学图书馆的"成电人著作收藏库"、云南师范大学图书馆的"云南师范大学专家信息库"、重庆大学图书馆的"硕士学位论文全文库"、四川广播电视大学图书馆的"四川电大网络课件库"以及西南交通大学图书馆的"国家级重点学科网上信息资源导航库"等。

4. 基于馆藏书刊资料的数据库

具有他馆、他校所不具备的,或者只有少数图书馆收有的特色馆藏,往往也成为高校图书馆建设特色数据库时的选择对象。西南地区有三十多所高校图书馆建立了这样的特色数据库,如西南大学图书馆的"自建光盘数据库(世纪大讲堂、随书光盘)"、昆明理工大学图书馆的"馆藏书目数据库"、西南科技大学图书馆的"新书全文数据库"、四川烹饪高等专科学校图书馆的"特色书目数据库"、贵州民族学院图书馆的"《图情快讯》数据库"、西南政法大学图书馆的"缩微图书篇名数据库"和云南大学图书馆的"本校善本书目索引"等。

5. 音像影视数据库

一些高校图书馆也建有音像影视特色数据库，如重庆大学图书馆的"非主流音乐空间"、贵州民族学院图书馆的"影视空间"和遵义医学院图书馆的"遵义图书馆VOD视频点播数据库"。但是，由于受众多因素的制约，这类高校图书馆的数量较少。

## 二、高校数字图书馆特色资源建设的策略

（一）高校数字图书馆特色资源建设的可行性

丰富的馆藏特色文献为图书馆特色数据库的建立打下了良好的基础。经过多年建设，全国各系统、各级别的图书馆在馆藏文献信息方面都各有所长、各有特色。因此，各图书馆应该以资源共享为原则，根据本地区、本院校、本系统的特点，建立特色数据库，为社会提供特色服务。首先，由于众多专业图书馆各有其特定的服务对象，其馆藏文献信息各具特色，有着得天独厚的建立特色数据库的条件。其次，许多公共图书馆根据其所在地区社会经济发展的需要，广征博采，在其藏书的学科领域、收藏级别以及文献类型和结构等方面，已经成为本地区所需的具有地方特色的文献藏书体系，地方文献资源非常丰富。

信息技术的发展加快了大多数高校图书馆实现自动化、网络化的进程。计算机一次性输入、多途径输出以及自动识别与排序的功能，使文献信息的编排检索变得更加方便、更加快捷。电子扫描技术则有效解决了以前人工抄写和键盘输入存在的人力、物力消耗高，数量、质量水平

低等实际问题,使报刊上的各种文献信息得到更快捷、更充分的揭示和利用。

随着知识时代的到来,各高校图书馆也越发重视馆员综合素质的提高。在人事方面,高校图书馆实行岗位聘任制,精简馆员队伍,不拘一格选用人才。在引进具有电子信息技术专业素养的新人的同时,注重老馆员的现代信息技术培训,营造一个良好的学习氛围,使馆员队伍整体水平均衡提高,为满足自建特色数据库创造人才条件。[①]

(二)高校数字图书馆特色资源建设的必要性

特色资源建设是高校数字图书馆建设的需要。高校数字图书馆在高校的教学、科学研究和人才培养等方面发挥着非常重要的作用。高校数字图书馆超越了时空的限制,使人们足不出户就可以获取自己所需要的文献信息,因此数字图书馆用户的多少就成为评价高校数字图书馆的一个重要指标。数字图书馆只有突出资源特色,才能在新的信息环境中更好地体现自身的价值、扩大自身的影响。以清华大学为例,随着该校加快了建设世界一流大学的步伐,清华大学数字图书馆也正在向建设研究型、数字化和开放文明的数字图书馆发展。自1999年以来,清华大学图书馆相继建立了人文学院分馆、经管学院分馆、法学院分馆、建筑学院分馆以及美术学院分馆等专业分馆。这些分馆的馆藏资源都有着各自鲜明的特色,与学校图书馆集成管理系统对接,在统一的平台上共同为读者提供服务。

特色资源建设是数字图书馆资源建设的必然选择。由于各高校的学科设置、所处地域与人力资源结构不完全相同,各高校数字图书馆都会形成自己的特色资源。高校数字图书馆应根据本校的教育对象、办学特

---

[①] 牛世建:《高校数字图书馆建设研究》,延吉:延边大学出版社2019年版。

点、重点学科以及专业的教学、科研工作的需要，对文献信息进行重点收藏与重点建设，形成独具特色的馆藏文献信息资源。本院校的专家、学者、教授、博士研究生以及硕士研究生的学术著作、科研成果、学术论文、教材讲义及本院校的学术会议材料，均可作为本校的特色资源，进行收集、整理、开发与利用。这些均是高校数字图书馆建设不断发展、完善的必然选择。例如，清华大学图书馆网站首页栏目中设置了"特色资源"栏目，用户可以在这一栏目下的"清华网络学堂""清华法学""清华建筑数字图书馆"等板块找到清华大学学术相关的资源，也可以在"清华教务在线""清华大学毕业生就业信息网"等板块找到清华大学实用资源方面的知识。

特色资源建设使数字图书馆特色馆藏成为必然。数字图书馆特色资源表现在很多方面，但最能体现办馆特色的还是馆藏特色，它是数字图书馆开展特色服务工作的基础。高校图书馆要加强特色馆藏资源建设，首先要完成馆藏的中外文图书、报刊、光盘、电子期刊等资源的数据建设。例如，上海交通大学数字图书馆馆藏资源中的"电子资源整合"，使用户可以方便地找到所需要的电子期刊、电子图书、数据库等资源以及期刊被收录的情况等。其次，在特色馆藏或专题数据库建设中，对本校博士与硕士研究生学位论文数据库等特色馆藏或专题数据库的建设，应考虑版权及人力、物力等可持续发展因素，有重点、有选择地与国内相关单位合作，共建共享。

特色资源建设是数字图书馆个性化服务的基础。传统图书馆以印刷型文献为主的馆际互借、合作采购、联机编目以及书本式目录交换和文献信息资源服务受时间和空间的制约，利用率较低。随着科学技术的发展，传统的图书馆服务已经无法满足用户的需求，数字图书馆服务势在必行。数字图书馆具有高度的共享性，能够通过网络对文献信息资源进行存储、检索和传递，快速地为用户提供世界各地的文献信息资源。

图书馆的个性化服务，产生于用户对个性化文献信息的需求。通过个性化服务，可以满足用户的个性需求，促进数字图书馆开发特色资源。特色资源建设具有体现馆藏文献信息资源特色、为用户提供个性化文献信息服务、实现资源共享等特征。例如，清华大学数字图书馆设置了"特别帮助"栏目，针对教师、研究生、本科生、新生、校外人员等不同的读者群，提供图书馆使用方面的不同帮助。清华大学图书馆还利用 Web2.0 技术开发个性化主页，用户不仅可以自由添加新的栏目，而且可以通过拖拽的方式，按照个人兴趣以及使用习惯，在网页上安排栏目。Web2.0 还提供了自动更新栏目信息的功能，用户能够实时查看最新内容。总之，各高校图书馆要根据本馆的性质、任务、条件和读者需求，明确把握自己的馆藏定位，确定本馆数字资源建设的目标、内容、程度和方式，制定出长远的计划，从点滴积累开始，逐步形成自己独有的数字资源。只有将各具特色的数字资源整合在一起，才能形成内容丰富、覆盖众多学科、满足不同需要、形式多样的数字资源群，才能使数字图书馆的个性化服务得到更好的发展。

（三）大数据时代图书馆资源建设所面临的变革

从 ENIAC 到"大智移云"，人类一步步地走进了一个崭新的数据时代。在大数据时代，以计算机和网络为代表的信息技术迅速发展，信息的生产、存储、组织、检索以及传播的方式和手段都发生了革命性的变化，这种变化深刻地影响着图书馆的工作内容、工作方式乃至存在形态。其中，图书馆的资源建设受到这种变化的影响更为直接。在大数据时代，图书馆的资源建设不仅在方式和手段上发生了改变，而且资源的类型和性质也都发生了本质性的变化，具体有以下几点。

1. 资源性质的变化

目前，对图书最为权威的定义是"以纸张为载体材料，记录与传播知识，具有完整装帧形式的非连续性出版物"。在长期的图书馆发展历史中，图书一直是图书馆主要的甚至可以说是唯一的资源。"藏书"这一在我国先秦时期就已经出现的古老概念和社会文化现象，一直是图书馆主要的甚至是全部的活动。

"藏书"就是指藏书者尽可能全面地搜集图书，在固定的图书馆空间内妥善地收藏与保管，"藏书楼"也被学界认定为我国早期的图书馆形态。随着工业化的发展，特别是近现代印刷术与造纸术的广泛应用，图书的种类与数量日益增多，图书馆已不可能实现对全部文献的收集。因此，图书馆资源建设活动由"藏书"演变为有计划地、科学地、选择性地搜集文献，业内将其概括为"藏书采访""馆藏建设""藏书发展""馆藏发展""藏书建设"等。在近现代，图书馆的形式发生了革命性的变化，但是，图书馆文献资源的性质并未发生任何实质性的变化。资源性质的改变开始于20世纪中叶，造成改变最主要、最直接的原因是现代信息技术的发展。换言之，数字时代使得图书馆资源的性质发生了革命性的变化。

20世纪80年代，微缩资料、音像资料、机读资料等新型载体文献大量涌现，成为图书馆馆藏资源的新形态。单一的"藏书"和"藏书建设"的概念已经无法涵盖图书馆"资源"与"资源建设"的多样性，因此，"文献"与"文献建设"成为图书馆"资源"与"资源建设"的通用称谓。

20世纪90年代以后，信息技术的突飞猛进，尤其是互联网的普及、数字化技术的广泛应用，使图书馆的"资源"与"资源建设"发生了革命性的改变。首先，随着信息化进程的加快，各种形式电子化或数字化的信息迅速地涌入图书馆,它们和文献资源一样,成为图书馆资源的一部分。虽然目前在大多数图书馆中,文献资源仍然是主要的信息资源类型,但是它与数字资源此消彼长的趋势已不可逆转。其次,网络的发展与普及使其不仅成为信息的传播渠道,而且由于其广泛的覆盖范围和高效的传播速度,也可被近似地看作是一种资源,一种几乎等同于"实体资源"的"虚拟资源",并且与"实体资源"一样成为图书馆资源的有机组成部分。从此,图书馆"资源"与"建设资源"的名称和概念都发生了变化,逐渐演变为"信息资源"与"信息资源建设",资源的性质也发生了根本性的变化。

2. 资源类型的多元化

在我们所处的大数据时代,信息是一种重要的资源,但对于信息资源的定义,国内外学术界并未形成统一的看法。一般来说,对信息资源有两种理解:一种是狭义的理解,即信息内容本身;另一种是广义的理解,指的是除信息内容本身外,还包括与其紧密相连的信息设备、信息人员、信息系统、信息网络等。图书馆行业一般是从狭义的角度理解信息资源,但是由于行业与学科的继承性,行业内的关注焦点主要在信息内容的载体上,以此为中心又扩展到广义的信息资源概念范围。

在农业时代,技术发展落后,无论是中国的《永乐大典》《四库全书》,还是西方的纸莎草经典和亚历山大图书馆藏书,虽然都是倾全国之力,但文献资源依然数量稀少、类型单一。在工业时代,造纸与印刷技术的发展以及普遍的知识需求,促进了出版行业的繁荣,图书馆的文献资源也由单一的手抄或刻本古籍发展为按出版形式区分的多元化的资源形态。图书、报刊、科技报告、学位论文、专利文献、政府出版物、标准文献、产品资料、地图、乐谱等充斥着图书馆的空间,丰富着图书馆的馆藏。20世纪中叶,微缩文献与视听文献的发明和普及,敲响了图书馆资源转型的先声，图书馆资源建设突破了传统印本文献的局限，经过多元化文献资源，向多元化信息资源发展演变。

在大数据时代，图书馆资源分为实体与虚拟两种形态。实体资源是记录在一定的物质载体上的，包括刻写型文献、印刷型文献、微缩型文献、视听型文献以及以数字化形式将文字、图像、声音、动画等信息存储在磁光介质中的数字化信息资源。虚拟资源借助于先进的信息生产、存储与传递技术，将各种各样的信息以数字化形式在网络环境中构建成一个虚拟的信息空间，最大限度地实现信息资源的共建、共知与共享。虚拟资源包括电子出版物、数据库、网页、OA资源以及博客、微博、播客、维基百科等Web2.0资源。虚拟资源的出现使得图书馆赖以生存的物质基础——信息资源突破了物理形态的限制，资源数量急剧增长、资源形态更加多元化，从而使图书馆的信息资源建设工作面临着前所未有的机遇与挑战。

3. 资源建设方式的变革

在长期的实践活动中，文献采访一直是图书馆一项最重要的基础性工作。图书馆在长期的采访实践中形成了完整、系统的采访理论与方法以及成熟的资源建设方式。但是在大数据时代，传统的资源建设方式会产生革命性甚至是颠覆性的变革。

传统的文献采访主要是对图书的采访，而在工业革命后，随着科学技术的日新月异和飞速发展，报刊资料因其出版周期短、内容更新及时，成为承载信息内容的又一重要载体，也成为图书馆搜集、保存的另一主要资源。随后，科技报告、学位论文、专利文献等特种文献也加入了图书馆的馆藏"队伍"。图书、报刊等都是以纸质印刷型实体文献为主，针对图书、报刊等品种与数量的筛选、预订、现购、邮购、征集、交换等采购行为一直是图书馆资源建设的唯一方式。在长期的图书馆实践活动中，虽然文献资源建设的方式也在不断地发展，如计算机等信息技术的使用实现了采访工作自动化、依托图书馆联盟实现了集团采购（或称为图书文献资源大宗交易）、适应行政体制改革开展了招标采购等，但图书馆文献采购的方式并未发生实质性的改变。

早在1978年，美国图书馆学家兰开斯特（Frederick Wilfrid Lancaster）曾在《走向无纸信息社会》一书中提出了"随着电子资源的日益重要和纸质资源的日益减少，随着计算机终端在办公室和家庭中的日渐普及，图书馆将不可避免地走向衰落"的设想，引起了很多人的注意和探讨。对于无纸化的信息社会能否实现、如何实现，社会各界见仁见智，但是从中外历年的出版统计数据中可以清晰地看出，纸质文献的出版增长率在逐年下降，而数字文献则在飞速增长。纸质文献与数字文献此消彼长，已是一个不可逆转的发展趋势。在这个不可逆转的发展趋势下，传统图书馆在长期工作实践中形成的完整的、系统的资源建设理论和方法，已无法适应工作实践的需要，将来必然会发生实质性的变革。

虽然目前还无法确定这种实质性的变革是什么，但关于"存取"与"拥有"的讨论为变革的方向提供了头绪。以资源的实际拥有为目标一直是图书馆信息资源建设的基本模式，但是在大数据时代，图书馆所面临的信息环境发生了颠覆性的变化：第一，信息数量激增与单一图书馆有限的收藏能力之间产生了尖锐的矛盾；第二，信息技术的迅速发展，尤其是网络环境的形成，使信息的传播突破了时空的限制。正是这两个明确的发展趋势引发了图书馆行业关于"存取"与"拥有"的讨论。在这场讨论中，笔者较为认同的观点是：将存取与拥有对立起来去争论哪个更重要是没有意义的，存取与拥有是相互辅助的关系、长期辅助的关系、缺一不可的关系、互动的关系。因此，大数据时代高校图书馆的资源建设方式也应同时包括存取与拥有两个层面。

在拥有的层面，高校图书馆将继承和发展传统的资源建设模式，其所建设的资源范围会无限扩展，馆藏主体资源依然是纸质文献和数字资源，但会以数字资源建设为主要工作。数字资源的建设除了继承传统的建设方式外，还会更加侧重资源的选择与评估，基于数字资源评估指标体系的资源选择会成为高校图书馆资源建设的常用方式。另外，在数字资源的建设中，图书馆联盟将会发挥作用，采用集团采购，即大宗交易的模式。此外，高校图书馆自建资源在馆藏资源中所占比重也会逐渐增大，例如，特色文献数据库建设、机构库建设会成为大数据时代高校图书馆文献建设的日常工作内容。

在存取的层面，高校图书馆会通过搜索引擎、学科导航库、资源发现系统等，对海量的网络资源，如网页、博客、社交空间、OA资源等进行选择、索引并提供服务。在资源建设存取的层面，大数据、云计算、本体、关联数据等前沿技术会被大量采用，建设的方式也会随着现代信息技术的飞速发展而不断创新。

总之，图书馆是一个发展着的有机体，其发展与所处的时代息息相关，并受所处时代、所给条件的制约。现代信息技术的发展将人类带入大数据时代，时代的变革既为高校图书馆的发展带来了机遇，同时也带来了挑战。"物竞天择，适者生存"，只有每个从业者都关注这场变革，去迎接新的机遇与挑战，才能使高校图书馆在大数据时代的大潮中不被淘汰，并实现跨越式的发展。

(四) 高校数字图书馆特色资源建设的思考与对策

坚持特色资源的实用性和原则性。高校图书馆的数据库既要实用，又要具有特色。高校图书馆建设特色数据库，应该体现本馆的特色。在选题时，应该注意该数据库是否能代表当前学科资源的先进性或当前学科的学术价值,能否在比较长的时间内保持特色资源的存在性,对某些重点建设项目、重点学科建设的文献保障是否具有填补空白的作用,对社会发展和经济建设是否具有促进作用。

注重人才培养,加强技术型人才引进,提高信息资源服务水平。目前,数字图书馆建设中数字特色资源构建的重要性越来越突出。怎样才能更好地服务读者、吸引读者使用图书馆,数字资源的引入以及二次深加工技术水平等,都在很大程度上决定了资源的利用率。因此,仅具备传统图书馆业务知识的馆员已经不能满足图书馆建设数字特色资源的需要,高校图书馆应该加大对熟知计算机、数据库或者编程的技术人员的引进力度,使其快速加入图书馆的队伍当中。近年来,各高校图书馆都加强了技术型人才的引进工作,原始数据库的二次开发、自建数据库、特色资源库的建设都离不开他们的努力。原生文献信息资源作为一种本土化的知识和智力资源,并不是天然就存在的,而是需要人们不断去积累和建设。馆员素质的高低,对文献资源的建设起着决定性的作用。高校图书馆要解决技术人才短缺的难题,应当从两方面着手:一方面,在争取学校支持的同时,适当引进自动化管理专业人才,或者寻求学校其他信息服务部门的合作,为图书馆提供技术支持;另一方面,考虑到目前的实际情况,高校图书馆想要留住优秀的人才并不容易,因此,重点还是应该放在自我培养上面,应尽可能地为本馆工作人员的继续教育和技术培养创造条件,使高校图书馆馆员的专业结构向多元化发展,尽快培养出既掌握计算机软件硬件技术,又懂得图书情报专业的复合型人才。

应加大特色资源建设的资金投入,并加大宣传推广的力度。目前,各高校图书馆都在大规模地购买数据库,"211"工程高校的图书馆,每年购买数据库的经费都在千万元以上,但对特色资源库建设的资金投入只占了其中很小的部分。特色馆藏具有稀缺性、排他性和学术独特性的特点，高校图书馆应通过纸质文献与电子文献、实体馆藏与虚拟馆藏、馆际互借与资源开发的结合，逐步建立具有特色的馆藏资源体系，使馆藏信息资源配置合理化、数量最大化和利用高效化，从而满足读者对特定知识的需求或实现某些特定的目标。但这都需要大量的资金投入和后续费用的维持。因此，高校图书馆应该最大限度地发挥馆藏特色资源的利用价值，实现馆际互借和网上信息资源的共享与共存互补，充分发挥图书馆信息服务的整体效应，扩大特色资源的宣传和推广服务工作，使越来越多的人了解特色资源、使用特色资源，从根本上达到图书馆服务读者的目的。针对院校人才培养的特点，汲取近年来馆藏建设的经验和教训，高校图书馆应在充分考虑校情和馆情的基础上，争取学校领导的支持，制定切实可行的原生文献信息资源建设规划，并将其纳入整个学校的建设发展规划中，从而争取更多的资金投入。没有经费的支持，规划就失去了存在的意义。只有经过一段时间的稳定建设，高校图书馆的原生文献信息资源才能符合结构合理、实用性强、能适应教学科研需要的要求。

坚持数字信息资源的自主权。数字信息资源的独有特征——共享性，使其不像物质和能源的利用那样表现出独占性。但是，在市场机制的作用下，数字信息资源的保护问题相当敏感，其中最为突出的就是版权保护，它涉及如何保护作者、资源建设者和用户的合法权益。据世界知识产权组织统计，大约有130个国家和地区的著作权法以各种方式规定了对数据库的著作权保护，许多国际多边条约和区域性条约对此也做出了规定。因此，在数字图书馆特色资源的建设过程中，高校图书馆一定要坚持数字信息资源的自主权。

加强民族文献的收集和整理，加强民族文献特色数据库的建设。民族高校图书馆的特色馆藏数字化建设依赖于资源共享平台，但是，目前只有少数大学应承了我国高校文献资源保障体系 CALIS 重点学科专题数据库的建设工作。其中，内蒙古大学的蒙古学特色数据库是 CALIS 项目资助的特色数据库之一，在蒙古学的建设与揭示方面具有一定的学科导航意义；此外，西南民族大学、中南民族大学对民族网站做了相关链接，吉首大学对海外中国学网站做了链接。从整体上看，高校图书馆普遍缺乏对网上动态信息资源的跟踪、评价、揭示。因此，高校图书馆要遵照 CALIS 技术标准与规范，选择一个合适的信息加工平台以提供全文检索的支持技术，并加强与联盟馆的协调与合作，用统一的标准建设有所分工、各具特色的数字资源库，真正实现信息资源共建、共知、共享。

统筹规划、合理安排，加强特色资源的整体规划，减少重复建设。特色数字馆藏的可持续发展能力决定了数字图书馆的生命力。高校图书馆要在丰富的、可靠的、持久的、适用性强的数字资源中挖掘特有的内部资源，并将其保存、转化为特色数字馆藏，同时还要加强馆际合作与交流，有计划、有组织、有步骤地建设数字馆藏。高校图书馆特色资源建设应充分发挥本馆资源优势，通过统一的协调管理，采取分工协作、联合建设的工作方式，不断更新和丰富各种特色资源内容。

实现资源的共建共享，提高利用率，减少资源浪费。互联网的快速发展改变了高校用户以往的信息获取方式，信息资源共建共享以及高校图书馆利用网络满足用户需求显得越来越重要。因此，需要建立区域性高校图书馆信息资源共建共享体系，开展联合咨询与开发，提升图书馆的核心竞争力，更好地为用户服务。在原生文献信息资源建设的过程中，高校图书馆一定要打破陈旧观念，进行开放式建设。也就是说，如果读者对图书馆的信息资源不知道、不会用、不熟悉，那么，不但是对原生文献信息资源建设的极大浪费，而且还会给图书馆以后的发展带来非常不利的影响；反之，读者对图书馆资源的利用越充分，获得的信息越多，获益就越大，对图书馆工作就越是重视和支持，原生文献信息资源建设的进展也就越能得到保障。因此，高校图书馆必须要加大对读者用户的教育力度，培育读者的信息意识和利用文献信息的技能，让读者充分了解各种原生文献信息资源的用途，并培养他们使用这些资源的兴趣。此外，高校图书馆还应该对读者进行恰当的指导，提高读者获取信息的能力，使他们感受到图书馆特色资源的重要性以及从中获得解决问题所需信息的便利和乐趣。

## 第二节　信息技术与高校图书馆的多元化转型

### 一、复合图书馆

复合图书馆也称混合图书馆，是传统图书馆与数字图书馆的并存形式，也是从传统图书馆到数字图书馆的一个过渡阶段。在复合图书馆中，信息资源、信息载体、技术方法、服务规范、服务对象、服务手段、服务设施、服务产品等都是复合的，即传统方式与现代方式并存。这是信息技术和网络技术快速发展的产物。在这样的大环境下，图书馆将传统的技术及设备和新的信息技术融合，二者在相互作用下形成复合图书馆。

为顺应时代要求，目前许多高校都在积极地建设复合图书馆。在建设的过程中，各高校需要对复合图书馆的特点及可行性方案进行深入的研究，使得复合图书馆能够更好地为高校的发展服务。

(一)复合图书馆的概念及其特点

1. 复合图书馆的概念

复合图书馆这一概念最早出现于 1996 年,是由英国的图书馆学家苏顿(S. Sutton)提出的。在苏顿的理论中,图书馆的发展分为四个连续的阶段,即传统图书馆、自动化图书馆、复合图书馆、数字图书馆。在复合图书馆阶段,印刷好的文献以及数字化的文件先是处于一个相互平衡的状态,最后又偏向于以数字化的文献为主。所谓复合图书馆,就是说印刷文献和数字化文献二者在比较长的时间内可以共存。复合图书馆的用户不仅仅可以看到本地的纸质文献,还可以通过网络获取异地的数字化文献。英国学者穆里(R. Murray)在相关研究中曾给复合图书馆下定义:在一个机构框架内,不依赖存放地点、载体形式以及管理范畴,提供对广泛信息服务利用的一种管理环境。而在我国,有关复合图书馆的研究相对较少,起步也比较晚。最早的研究是 2000 年台湾学者顾敏对复合图书馆做出的相关理论说明:复合图书馆就是传统的最大的图书馆设备和技术被新的网络和信息技术所武装,可以更快捷地发挥图书馆的功能,释放更富有活力的图书馆。

黄宗忠在前人研究的基础上,对复合图书馆做出新的定义,他认为复合图书馆在一个机构框架内,以传统的图书馆为基础,实现传统图书馆与数字图书馆共存互补并有机结合为一个整体;它是实体和虚拟的结合;它围绕信息储存的物理场所和信息空间;它应用信息技术、网络技术、数字技术以及传统技术;它根据版权法的相关规定对印刷文献进行数字化,并对网络信息资源进行收集组织转化管理,实现一体存取;它为信息用户提供馆内服务和不受时空限制的网络服务。黄宗忠的定义从一定的角度对传统图书馆与复合图书馆以及数字化图书馆进行了相关说明，并写明了它们之间的关系，综合性地阐述了印刷文献和数字化文献相互转化、相互融合的存在形态。

2. 复合图书馆的特点

我们对复合图书馆的特点研究要从复合图书馆所涵盖的一些内容谈起。复合图书馆是将传统图书馆和数字化图书馆相互连接在一起的综合体，所以它同时具有传统图书馆和数字化图书馆的特点。复合图书馆的第一个特点是其框架里面的信息载体比较多样化，具有多种多样丰富的文献资源，既包含报纸、期刊、书籍等纸质的印刷文献，同时也包含以磁盘和光盘等载体存储的数字化文献。第二个特点是复合图书馆可以实现印刷型纸质文献和数字化虚拟文献共同存在，并且二者可以相互转换。在不违反版权法的前提下，高校图书馆可以将纸质版文献以扫描的方式上传到图书馆的网络端口，使其变成数字化虚拟文献；同样也可以将虚拟文献通过下载的方式打印出来转换成为纸质版文献。第三个特点是复合图书馆的资源可以不受时间和空间的限制。也就是说，除数字化虚拟文献以外，纸质版文献资源也可以通过扫描和拍照等方式传送到图书馆的网络端口，为用户提供便利，打破了图书馆实际地点的限制以及时间的约束，使其获取文献资源不受时间和空间的限制。第四个特点是复合图书馆的用户可以根据自身的使用情况对文献进行"获取"或者"拥有"。其中，"获取"指的是复合图书馆将馆内的一些纸质版文献资源通过扫描的方式上传到网络端口，供更多的用户使用。复合图书馆的固定用户可以根据自身的需要，从网络端口筛选出自己所需要的文献资源，将其转化成数字化文献，并可以在一定的权限内对文献进行下载使用。而"拥有"指的是复合图书馆按照购买计划，定期购买实体印刷的纸质版文献，包括期刊以及纸质版的图书，以此充实图书馆内的纸质版文献资源，更好地满足用户的需求。在实际的图书馆工作中，纸质版的实体文献较多，而虚拟化文献较少，所以官方建议图书馆将数字化网络文献作为主要文献资源，适当减少纸质版实体文献资源。第五个特点是复合图书馆存在与线下服务平台类似的线上线下统一的使用平台。这里服务平台指的是图书馆内纸质版文献的浏览和借还平台，线上线下的使用平台指的是复合图书馆内虚拟文献资源的下载以及阅读使用平台。在大部分高校，复合图书馆的服务平台存在于实体的图书馆内，线上线下的使用平台存在于学校官网上或是其他网络化的平台界面内。

（二）高校建立复合图书馆的原则

在不同的高校内，师生对图书馆各种资源的需求不同、馆藏文献的特色不同，所以高校建立复合图书馆要从以下几个重要原则出发。

1. 优先原则

数字化的网络文献是多种多样的，或大或小地存在于在线数据库中，其优点是使用携带方便，并且不受时间及空间的约束；其缺点是不稳定，图书馆必须及时将有用的文献资源进行下载，并且要及时不断地对网络虚拟文献进行更新，对陈旧的文献也要进行归类保存，这样才可以更好地将数字文献资源提供给用户使用。

而用户在下载和使用网络虚拟文献时，必须遵守版权法的相关条例和规定。无论是什么文献，都是其作者倾尽心血、全心全意努力工作的劳动成果，用户在使用文献时，必须经过作者的同意或者付出一定的费用。假如不遵守版权法的相关规定，擅自下载或参考别人的文献，文献作者或是相关机构就有权向侵权者追究一定的法律责任。

高校图书馆要以优先原则为基础，对高校内部具有特色的文献资源以网络数字化的形式进行有效保管。比如医学类的高校，就要将具有校园特色且价值意义比较高的医学书籍、药典以及相关的重要手术图谱、重要的交流资料和论坛文献优先进行系统化的数字化存储。

2. 重点原则

对于大多数高校来说，中文核心数据库的应用最为广泛，如万方数据库、维普数据资源库等，这些资源库涉及的领域非常广泛，为论文的撰写以及新课题的探索都能提供很好的参考价值。而外语数据库能为教师、专业研究人员、博士研究生和硕士研究生提供更广泛更有价值的参考资料。比如，对于医学类高校来说，由美国国家医学图书馆所研发的生物医学信息检索系统 PUBMED 数据库至关重要，这是医学研究必备的一个数据库。另外，EBSCO 全文数据库和 Springer Link 全文数据库由于收录范围广、收录学科全面、可免费下载的医学论文非常多，师生使用频繁，医学类院校的图书馆应该重点引进。因此，在购置经费不足的情况下，高校图书馆应着重购买中文核心数据库和少部分外文核心数据库。

3. 精选原则

经过多年的发展和积累，大部分高校图书馆的纸质版文献存储已经达到了一定的数量，存放空间紧张，如果想继续放置大量图书，图书馆就必须进行重新规划或者扩大建设，这必然会造成一定的浪费。而在多种文献集合的复合图书馆时代，高校图书馆可以在数量上控制纸质版文献的储藏量。首先，高校图书馆在购买相关文献资源时一定要保证文献的质量，在购买之前做好计划，在教师和学生中做好调研和读者荐购工作，即让教师和学生直接提供图书馆内缺少的书籍或相关作者的信息，然后再进行购买。其次，高校图书馆要保证纸质版文献和数字化文献的收集比例。纸质版文献和数字化文献既要包含尽量全的文献资源，也要避免重复；要不断扩大充实数字化文献的收集比例，缩小纸质版文献的收集比例，重点抓好重要纸质版文献的收集工作。

## （三）复合图书馆纸质版文献资源建设的主要措施

如前所述，在经历了多年的收藏积累以及建设，高校图书馆中的纸质版文献资源已经形成了较大的规模。由于存放空间有限，高校图书馆在后续购买纸质版文献时应该更加强调目的性，缩小购买范围，在购买之前采取多种多样的方法对师生的用书需求进行深入翔实的调查，真实地了解师生对书目的需求及实际使用情况；定期对现有的馆藏纸质版文献资源进行了解，确保现有的文献资源能够满足师生需求，调查师生对纸质版文献的满意度，并且做出相应调整。

### 1. 推广常用工具书的在线使用方式

高校图书馆收藏了数量较多的英汉词典、汉英词典、现代汉语词典等常用工具书，这类书都比较厚重，其纸质版资源占据了很大的存放空间。但这些工具书的功能其实完全可以通过电子词典或手机应用程序实现，所以高校图书馆在原则上要控制这些厚重工具书的购买数量。另外，大部分旅游指南以及旅游地图提供的地理信息，都可以在智能手机应用程序或专业的互联网搜索引擎中找到，所以高校图书馆也应该尽量减少此类书籍的购买数量。而线上工具书具有出版周期较短、存储密度高、更新速度快、易存取、易复制、携带方便、可远程存取等优点，受到大家的广泛欢迎。所以，高校图书馆应推广常用工具书的在线使用方式，既方便读者使用，又节约存放空间。

### 2. 加快期刊数字化进程

高校图书馆应该考虑加快期刊的数字化进程，引导用户购买和收集数字期刊，或者购买一般学术期刊的数字版权。尤其对于利用率较高且具有较大保存价值的核心学术期刊，高校图书馆应采用纸质版文献和数字化资源双重模式的构建，这不仅同时符合线下实体和网上虚拟图书馆的需求，还不受时间和空间的限制，对核心期刊资源进行长期保存。对于普通的期刊和图书，高校图书馆可以通过购买纸质版本增加藏书量，但同时应考虑逐步提高数字图书的比例，以适当的方式逐渐引导读者适应数字化的图书馆，并通过不断优化服务，带给读者更好的体验。对一些使用率和下载率较高的书籍，高校图书馆应该采取印刷纸质版和网络虚拟版本共存的形式将其储存在图书馆内。这些反复借阅的图书，可以反映出一所高校图书馆内书籍的重要特点，也是这所学校馆藏的精华所在，因此高校图书馆要单独将此类书进行重点保存，使其能够更好更长久地服务于高校、服务于师生。

3. 缩减时事、文学与通俗类文献规模

在众多种类的读物中，文学和通俗文献都是供读者参考和简单学习，甚至娱乐的。一些通俗读物、传奇小说、科幻读物和时政新闻报刊，还有许多学科的习题集和参考用书，以及一些课程如计算机和专业技能培训的参考书，这些文献更新较快、学习参考价值较小、收藏保存的价值较低，并且占用图书馆内较多的空间。高校图书馆应该减少此类书籍的购买量，适当地增加其数字化的比例。

信息技术的发展和时代的进步，对用户阅读习惯产生了巨大的影响，数字化的文献资源慢慢取代了纸质书籍的许多功能。用户通过查找和阅读不同地方的门户网站和专业新闻网站，可以获得更多的时政消息，如较大的时政网站有凤凰新闻和网易新闻等；文学阅读网站也有很多，如新浪阅读和搜狐阅读等；也有很多关于学习的网站，尤其是视频学习的网站，观看视频获得知识比阅读文字的方式更加生动直观。

（四）复合图书馆数字化文献资源建设的具体措施

数字化文献资料具有普通纸质版文献资料所不具备的一些优点，比如信息存储量大、通信方便、收藏便捷、占用空间小、时间和空间局限小等。在大数据时代,数字化文献已经成为高校师生进行研究学习以及教学的重要参考文献。复合图书馆是高校图书馆在大数据时代背景下发展的产物,是现今高校图书馆必须重点建设的内容。高校图书馆可以从以下几个方面建设复合图书馆的数字化文献资源。

1. 建立全文数据库

全文数据库所包含的资源比较多,故其价格也比较高。不同的高校可以根据本校图书馆的不同特点购买不同的数据库。在中文数据库方面,高校图书馆可以根据所在学校或者研究院的实际使用情况进行购买。高校图书馆不能一味地追求资源的广泛和全面,而是要有针对性地购置,重点考虑课程所需参考书及师生科研学习所需的其他文献资源。这种资源建设方式不仅对教学有利,而且可以很好地为科研提供帮助。高校图书馆也要注重外文数据库的建设,同样要注意引入与学习学科特色相关的专业数据库,并向师生推广宣传。

2. 扩大数字图书规模

一些高校图书馆只追求纸质资源的丰富,而忽略购买数字化图书的必要性。但是实际情况往往是,师生所需的各类参考书和辅助性教材、各种小众方向的图书,其纸质版文献一般不会被图书馆收藏。在这种情况下,就可以充分发挥数字化图书的作用,补足图书馆实体书籍有限的短板。

在日常学习中,高校教师和学生需要经常使用数字化图书。因此,许多高校图书馆还根据师生的不同需求来订购相关书籍,图书馆的工作人员会定期集中向师生征求意见和建议,在征集到的书目中择优进行购买。

此外,值得注意的是,英语阅读书和计算机类相关的图书一般会附上光盘。而图书馆为避免其损坏或丢失,都会将光盘提前取下,只提供书籍的借阅。但是这种做法是对文献资源完整性的破坏,不值得提倡。高校图书馆可以将这些随书附赠的光盘也进行编录,和图书绑定在一起出借,或者对这些光盘进行统一录入,将其中的数字资源放到图书馆网站上,以便用户在需要时下载使用。

3. 加大数字化文献资源共享及馆际互借力度

核心全文数据库所包含的文献资源数量多,其价格也比较贵。规模较小的高校图书馆由于资金限制,无法购买这类数据库。为满足用户需要,统筹利用资源,应采取不同图书馆之间互相借阅的方式。但由于这种馆际互借方式涉及各馆自身利益,在实践中很难实施。所以,各高校图书馆之间仍旧无法进行有效的资源共享。但就目前情况而言,实现高校图书馆之间的资源共享以及馆际互借是师生的需要,也是时代发展的迫切要求。在大数据时代,各高校图书馆可以联合起来,购买核心全文数据库,购买费用可以平均分摊,或依据各院校的下载量来进行分配。如此一来,既可以丰富各馆馆藏,也避免了重复建设数据库导致的资金浪费。某师范大学图书馆就充分利用自身优势,和当地图书馆以及兄弟院校图书馆联合签订了资源共享以及馆际互借的相关协议。协议内容规定,在这一图书馆联盟中,任一图书馆的用户都可以凭借自己的借书证,任意使用该联盟的线上共享数字虚拟文献,或在任一图书馆进行实体图书的借还,真正实现了图书馆资源的共建共享。

## 二、移动图书馆

随着国际互联网、无线移动网络、多媒体技术的不断成熟,以及各种智能电子设备的盛行,人们接收和传递信息的方式也发生了改变,可以随时随地通过使用各种移动设备(如手机、掌上电脑、E-Book、笔记本电脑等）获取自己想要的信息。其中，移动图书馆作为现代数字图书馆信息服务一种崭新的服务系统，得到了发展的契机。

移动图书馆（mobile library）的概念在1949年首次由美国图书馆协会下设机构（Country Libraries Group）提出，将其定义为"设计、配备和运作一种运载工具以提供比临时图书馆更加方便、快捷的服务"。移动图书馆最初是为给偏远地区的人们提供公共图书馆的服务功能而设置的，能够在一定程度上弥补区域性图书馆功能和服务的缺陷。但是，这种流动性的图书馆仍然很难提供完善的图书服务。随着移动互联网技术的推进和网络通信的发展，1990年美国专家提出了"电子流动图书馆"的概念，这种图书馆让用户可以在家中、学校、办公室直接阅读图书馆的信息。自此，移动图书馆真正实现了其目的，即破除地域的限制为用户提供图书服务。1993年，美国的专家教授又提出了"无屋顶图书馆项目"，这一次的项目虽然以失败告终，但使用移动蜂窝通信技术访问电子图书资源，是对建设移动图书馆的一次突破性的尝试。20世纪90年代末，伴随着无线电网络技术的逐渐成熟以及移动电子设备（如手机、PDA）的出现，用户终于可以随时随地、不受限制地访问移动图书馆，进行移动阅读和参考咨询，传统的移动图书馆概念也由此被打破。[1]

21世纪后，移动图书馆呈现直线式发展的态势，我国移动图书馆发展尤为高效，移动服务的开展模式和内容丰富多样。自2003年北京理工大学图书馆率先推出移动图书馆，而后越来越多的高校图书馆参与其中，图书馆移动服务逐渐迎来革命性阶段，图书馆界对移动数字图书馆的关注和研究也持续升温。

---

[1] 乔红丽：《图书馆信息管理与多元化发展研究》，长春：吉林大学出版社2020年版。

(一) 内容介绍

1. 移动设备

移动设备在移动图书馆中扮演着重要的角色，是实现移动图书馆运作不可或缺的终端载体，加强了图书馆的功能。移动设备的广泛应用使得移动图书馆迎来了革命性的阶段，拓宽了服务方式，用户不仅可以从馆藏中获得知识信息，还可以利用移动设备生成数字化学习内容。随着移动用户群体的不断增长，移动设备在移动图书馆的应用将更加普及和重要，移动设备的出现为用户学习、获取信息资源提供了很大的便利，并且也为现代化教学受限及教学资源短缺等问题提供了新的解决途径。

2. 系统平台

系统平台为移动图书馆的正常运行提供了重要支撑和技术保障。目前，移动图书馆的系统平台基本上通过与第三方合作、将数字图书馆的功能延伸到移动网络平台、根据客户的需求研发出个性化的设计应用，增加移动图书馆的功能，提高其服务质量。

3. 移动用户

作为移动图书馆的服务对象，移动用户群体的需求、行为、态度及选择都影响着移动图书馆的建设和发展方向，也最受相关专业研究者和移动图书馆开发人员重视。在用户需求方面，研究者和开发人员可以采用问卷调查法和访谈法对用户各种类型的需求情况进行归纳、调查分析，并在此基础上提出移动图书馆信息服务的策略和模式，选择最有效的移动技术提供服务。在用户态度方面，研究者和开发人员可以采用问卷调查的方法对移动图书馆的使用情况以及用户群体使用移动设备进行移动图书馆相关服务的态度进行调查，并分析原因，为移动图书馆的研发和评估提供参考。

## (二) 超星移动图书馆

超星移动图书馆是国家"863计划"示范项目,主要以公益的形式对数字图书馆进行推广。超星图书馆涉及经济、文学、历史、法律、军事、医药等几十个分馆,拥有数字图书50万册左右,有海量报纸文章以及中外文献元数据供用户自由选择,为用户提供方便快捷的移动阅读服务。超星图书馆拥有自主知识产权的图文资料数字化技术、超星阅读软件等,用户可在手机、平板电脑等移动设备上自助完成个人借阅查询、馆藏查阅、图书馆最新咨询浏览,中央档案馆、中国人民解放军医学图书馆、中山图书馆、深圳图书馆等都使用了超星图书馆服务。

超星移动图书馆的特点有以下几点:其一,超星移动图书馆作为全球最大的中文在线图书馆,拥有海量的图文信息资源,包含了人文、历史、法律、经济、环保等50余种,总数据超过了30TB。超星移动图书馆已经成为国内名副其实的中文图书资源库。其二,超星移动图书馆具有随时阅读、不受地域限制的特点,为喜欢阅读的用户提供了一座没有围墙的图书馆,为阅读提供了广阔的平台。其三,超星移动图书馆采用的是国际最先进的PDCT2图像压缩技术,突出特点是快速和专业。超星移动图书馆是目前发展最为成熟和最有创意的阅览器。

### 三、智慧图书馆

近几年来,随着物联网、云计算、大数据等新兴技术的发展,信息技术已经完全渗透到我们的日常生活当中。同样,智能技术也已经运用到图书馆建设当中,为图书馆的转型提供了技术支撑,使传统图书馆向智慧图书馆转变。智慧图书馆是智能建筑与高度自动化管理的数字图书馆的有机结合,不受时间、空间限制为读者提供服务。随着对智慧图书馆研究和建设的不断深入，智慧图书馆将通过物联网实现智慧化的管理和服务，在知识经济社会中发挥着越来越重要的作用。目前，我们对于智慧图书馆理论和实践研究还不够深入，智慧图书馆的建设仍在摸索阶段，我国还尚未建成一座真正意义上的智慧图书馆。

（一）内容介绍

作为图书馆的研究热点问题，专家学者对智慧图书馆这一概念提出了许多观点，其中，严栋认为智慧图书馆以图书馆、物联网、云计算、智能化设备四要素为支撑，通过物联网来实现智慧化的服务和管理。

智慧图书馆的智慧化主要体现在智慧化的服务，这是智慧图书馆的核心和目标。而技术装备和技术手段是实现智慧图书馆的首要条件。智慧化服务是智慧图书馆的目标和核心内容，技术是支撑智慧化服务的保障，两者相辅相成。

智慧图书馆作为图书馆发展的新形态，不同于其他形式的图书馆，是以数字化、智能化、网络化的信息技术为载体，以互联、高效、便利为特点，不受空间限制，具备崭新的服务理念和创新发展前景，能够实现现代化图书馆科学发展的理念和实践的产物。

智慧图书馆是继数字化图书馆后，未来图书馆发展的新型模式，是一个更高级的图书馆形态。智慧图书馆依托云计算、移动通信、物联网、数据挖掘等技术的广泛应用，将成为图书馆可持续发展和创新发展的新模式，实现图书流、人员流、物流和信息流并行。智慧图书馆建设并不仅是对当前图书馆物理基础设施的升级，而是力争打造以全媒体资源为核心，以用户为中心，以提供智慧化服务为目标，利用新一代网络技术、信息技术和智慧化的服务管理，保证书、人的互联互通，最终实现海量资源共享的一种图书馆形态。

（二）主要特点

1. 全面立体的感知

主动感知对象是智慧图书馆最明显的特点之一，指通过对互联网的数字进行编码感知，把某一领域的单种文献信息进行描述，与读者、管理员等信息个体互联，就能把所有知识有机地整合在一起，拒绝信息的碎片化，智能互联前台后台，让读者或用户在这个体系之内体会到更加贴心的服务。智慧图书馆还能通过情景感知，把实际工作进行虚拟化，把用户感兴趣的资源信息推送给个人。另外它还可以通过传感设备，三维立体地显示自主借书还款等业务界面。可见，智慧图书馆服务建立在更广泛的互联互通基础上，力求提供智慧化的管理和服务。

2. 高效智慧的服务与管理

随着互联网、移动通信技术以及各种移动设备的发展，高效、便捷、灵敏成为现代图书馆发展的新要求。智慧图书馆以数字化、网络化、智能化的信息科学为基础而建立，有着更加高效和便捷的特点，体现在以下几方面：第一，智慧图书馆日常化的管理过程，包括借阅、支付手段、座位预约、图书打印、资源扫描以及灯光、温度、安保、日常维护等都可以体现出其智慧化和高效性。第二，智慧图书馆可以为用户制定个性化的管理方案，比如对用户个人借阅信息进行调阅，智慧化分析出用户的喜好和需求，从而为用户制定个性化的服务。

智慧图书馆不仅实现了广阔的互联网共享、信息资源与人之间的相互联系，更重要的是实现了图书服务与管理的高效和智慧化。高效的智慧管理是智慧图书馆的特征之一，也是未来新型图书馆的发展模式。智慧图书馆提供的是智慧服务，而智慧服务的最本质特征就是高效管理和服务，这让知识服务的内涵得以升华，对于人类的可持续发展有着极其重要的意义。

3. 人性化服务

智慧图书馆既建立在以人为本的公益惠民理念的基础上，也拥有数字化、网络化和智能化的外部特征，目的是让每一位读者都能获得不受时空限制的阅读学习的服务。基于"图书馆+云计算+物联网+智慧化设备"的智慧图书馆，一方面馆员在智能化和自主化的基础上实现更高效率的管理，另一方面智慧图书馆还可以主动感知广大用户的需求，提供更加人性化、个性化的服务，为用户的学习和工作方式带来翻天覆地的变化。因此，人性化成为智慧图书馆的一大特点，也是现代图书馆服务发展的目标。

(三) 智慧图书馆的构建

1. 智慧图书馆的建设原则

服务主导原则。在智慧环境下，智慧图书馆的技术、资源和服务是相互依存、相互支撑的关系，并且信息的加工、采集、传播等都需要互联网为依托，互联网对智慧图书馆便捷和便利的作用不言而喻。智慧图书馆服务的最终结果不仅是提供资源，而且是在解决用户问题的过程中为其提供新的知识和理念。

资源集成原则。未来智慧图书馆的发展会将资源集成视为服务与管理的技术基础，同时，还需要借助云计算技术、物联网技术，实现不同类型文献跨部门信息共享、跨系统集成，并且建立起文献感知服务系统和集群管理系统。这一系统能够通过资源信息的共建、整合和无障碍转化，依靠集群化的综合服务平台跨时空传递、获取信息，从点扩展到线、面、区，从而实现区域联动的智慧化运作。比如首都图书馆的"一卡通"，就能使读者跨越时空限制，实时浏览上百家图书馆的文献资源。

泛在化原则。泛在环境下，图书馆的共建共享，不仅仅局限于本馆的文献信息资源，而是更广泛的资源服务。图书馆可以通过整合不同平台的文献资源信息，实现信息的共建共享。在大数据时代背景和新技术的支持下，智慧图书馆的建设发展必将遵循泛在化的原则。

### 2. 智慧图书馆服务模式构建

智慧图书馆是数字图书馆与复合图书馆的升级，可以说是现代社会最高端的图书馆。网络技术、互联网以及智能手段是组成智慧图书馆的三元素。按照结构，智慧图书馆又可以划分为物理层、技术层和服务管理层三部分，其中技术层是智慧图书馆的基础支撑，服务管理层是智慧图书馆的核心。智慧图书馆应该以信息技术设备和集群管理作为发展的重点，以网络技术和云计算为基础，利用现代化的先进技术，大力发展高层次的智慧空间服务和管理技术，有效利用各种智能文献库，掌握各个渠道的信息，对信息资源进行加工管理和整合，结合用户群的需求，实现智能一体化服务。

### 3. 智慧服务平台的构建

本着信息的管理和应用的视角来看待智慧图书馆，可以把智慧图书馆的智能服务平台分为以下几个层面：一是底层支撑平台。包括互联网、云存储、云PC以及操作系统。二是数字资源建设。图书馆架构、整理各路来源的信息，建立全面的数字资源库，为用户营造更加贴心、安全的使用氛围。三是智能服务系统。智能化服务是智慧图书馆的核心内容，图书馆利用各个服务平台，为用户提供无障碍、跨时空的资源共享，追求资源利用的最大化。

## 四、泛在图书馆

随着社会信息技术的不断发展变化，经历了十余年的发展，数字图书馆已经取得了非凡的成果。但是，数字图书馆的发展又面临着诸多问题，例如图书馆信息服务并没有做到一站式或者真正解决用户的真实需求。如何改变这种状况、应对用户需求变化问题、实现图书馆信息高效优质的服务，泛在图书馆的建立给出了答案。它的出现极大地提升了目前图书馆信息服务的水平，也为未来图书馆的发展描绘出了宏伟的愿景。

泛在图书馆的基本理念是图书馆馆藏资源在任何时刻、任何地点都是可存取的。今天的图书馆已经成为传递特定信息资源、服务和教育的信息门户，这些资源和服务可以包括书目指导、目录、数据仓库、数字图书馆、远程学习、数据库、政府文件、指南、馆际互借、文献传递、特藏、虚拟教室、虚拟参考咨询、虚拟旅行和其他特殊项目等。2003年美国国家科学基金会（NSF）报告中首次提出了"泛在知识环境"的概念，即所有人在任何地方、任何时间都可以搜索人类所有的知识，而不会有时间、地点、文化、语言的障碍。而泛在图书馆即是基于这一概念，实现信息资源共享的最高目标"5A"（任何用户在任何时候、任何地点均可以获得任何图书馆拥有的任何信息资源）。

### （一）相关概念

"泛在"是英语单词"ubiquitous"的意译，指的是"广泛地存在"。泛在图书馆最早出现在20世纪Neal发表的文章里，文章指出泛在图书馆是一种"无所不在"的图书馆，即在任何时间、任何地点提供信息获取服务的图书馆。

这种新型的图书馆主要通过计算机、手机智能通信设备，以信息服务的方式嵌入人们的日常生活，为用户提供不限时间、不限地点的全天候信息交流服务。随着因特网和万维网的快速发展，泛在图书馆将服务延伸到无处不在、无时不有的信息增值服务中。总而言之，泛在图书馆是由信息资源、信息技术、泛在环境和用户构成的一种高级形态的图书馆，也是未来图书馆的发展模式。

（二）基本特点

泛在图书馆强调"服务主动"和"服务的无处不在、无人不知、无时无刻"。泛在图书馆在演化过程中有如下特点。

1. 提供全天候的信息服务

泛在图书馆利用自动化信息处理设施，每天 24 小时、每周 7 天连续提供服务，实现 24 * 7 的超越时间、地理局限的服务。

2. 开放获取

信息的方便获取应成为泛在图书馆 21 世纪的主要特点之一。除了为特殊用户提供基于密码保护的信息资源服务以外，泛在图书馆为全球用户提供的信息服务可以不受时间和地点的限制，用户可以直接进入泛在图书馆的数据库进行信息检索、查询，获取开放期刊中的学术性信息。

3. 交互性

泛在图书馆还可以配备情报专家、咨询师或数据管理人员，方便用户随时提出问题并为其提供解答和相关参考等帮助。

# 参考文献

[1] 陈秀英：《网络环境下高校图书馆信息安全》，北京：研究出版社2013年版。

[2] 方晓红、郭晓丽：《数字图书馆研究》，天津：天津科学技术出版社2014年版。

[3] 付立宏、袁琳：《图书馆管理学》，武汉：武汉大学出版社2010年版。

[4] 康敬青：《基于网络环境的高校图书馆信息服务体系研究》，北京：地质出版社2015年版。

[5] 李松妹：《现代图书馆管理概论》，北京：北京图书馆出版社2007年版。

[6] 李艳春、朱平哲、毛靖：《大数据环境下高校图书馆信息服务转型研究》，北京：北京工业大学出版社2019年版。

[7] 梁宇清：《大数据时代的图书馆管理》，北京：中国原子能出版社2018年版。

[8] 刘芳：《大数据时代高校图书馆信息服务创新研究》，北京：光明日报出版社2016年版。

[9] 郑幸子：《高校图书馆管理与服务创新》，长春：吉林大学出

版社 2018 年版。

[10] 刘金玲：《现代图书馆开放服务与管理》，成都：四川大学出版社 2012 年版。

[11] 牛世建：《高校数字图书馆建设研究》，延吉：延边大学出版社 2019 年版。

[12] 钱静雅、秦丽英、刘桂英：《我国现代图书馆管理理论与实践研究》，北京：中国水利水电出版社 2017 年版。

[13] 乔红丽：《图书馆信息管理与多元化发展研究》，长春：吉林大学出版社 2020 年版。

[14] 隋彦明：《信息时代的图书馆管理》，北京：中国水利水电出版社 2010 年版。

[15] 孙骁骁：《RFID 技术在现代图书馆中的应用研究》，天津：天津工业大学 2016 年版。

[16] 谭亮、黄娜：《高校图书馆信息化建设问题及创新对策探究》，长春：吉林大学出版社 2019 年版。

[17] 王文兵：《高校图书馆学科服务研究》，武汉：湖北科学技术出版社 2012 年版。

[18] 谢发徽：《图书馆电子信息系统应用实践》，北京：机械工业出版社 2014 年版。

[19] 熊丽：《数字时代的图书馆管理》，北京：北京图书馆出版社 2006 年版。

[20] 姚健、高玉洁、徐玉红、刘玉玺：《图书馆信息化建设》，天津：天津科学技术出版社 2014 年版。

[21] 张兵：《现代图书馆知识管理》，北京：知识产权出版社 2008 年版。

［22］张福俊：《大数据时代高校图书馆工作研究》，北京：中国时代经济出版社 2014 年版。

［23］张晖：《高校图书馆信息服务创新研究》，北京：清华大学出版社 2015 年版。

［24］张理华：《大数据时代高校图书馆信息服务创新研究》，北京：北京理工大学出版社 2019 年版。

［25］张利民：《高校图书馆管理创新发展与应用》，成都：电子科技大学出版社 2019 年版。

［26］张鹏、宁柠、姜淑霞：《图书馆信息化建设理论与档案管理实践》，长春：吉林人民出版社 2020 年版。

［27］郑建明：《数字图书馆建设体制与发展模式》，北京：科学出版社 2017 年版。